JN090376

WANIMARU

和爾丸 −わにまる−

南《なん》洋《よう》航《こう》海《かい》記《き》

日本海洋少年団　和爾丸　一万三千海里

小林珍雄・著
瀧澤　潔・訳

挿絵　T. Kurosawa

序文

ドイツの若人へ！　抄

日本少年団団長　伯爵　二荒芳徳《ふたらよしのり》

われわれが何故この海洋少年団の船を和爾丸と名付けたのか、その理由を明らかにしておこう。この海洋少年団の船名は神代の我が国の歴史に負っている。

日本民族は開拓、パイオニア精神に溢《あふ》れ、すでに三千年以上も前に海外進出を敢行し、洋上にて豊かな経験を積んできた。日本の古典には鰐鮫《わにざめ》に乗った航海者たちが島から島へ、陸から陸へと冒険をした話を見ることができる。鰐とは古代日本の船の意なのである。

航海魂が先祖の海の男達を満たしたように、今日の若者にも継承されるよう、当船を和《わ》爾丸《にまる》と命名したのである。

少年団は総勢一〇万名の団員がいるが、そのうち五〇〇〇名が海洋少年団に属する。約三十年前に建造された和爾丸は一六八トンの帆船であり、二二五馬力の補助エンジンを搭載している。

サンタ・マリア号に乗って、コロンブスがアメリカ大陸を発見したのと同様の大胆さで、日本の若人は航海したのである。「敢えて一歩を踏み出さざる者、何も得ず。」または極東の箴言《しんげん》がいうように、「虎穴に入らずんば、虎子を得ず」とはまさにその通りである。向上心ある者にとって、勇気と冒険心とは欠くべからざるものである。祖国の為にいつでも肉体と生命を捧げようとの気構えを持った少年団は、あらゆる危険に曝《さら》されてもそれらに打ち勝つ自信を持っているのである。

ここで一言、親愛なるドイツ少年団に申し上げたい。個人的な名誉や偉業のためにわれわれは今回の計画を始めたのではない。日本人は常に祖国の為に自分の生命を捧げ、死を恐れない決心である。もし義務という言葉で表現しようとするなら、それはまったく当てはまらないものである。犠牲を厭《いと》わない心構えは心からの願いである。心がそれを望むのである。若者がここで訓練するのは個々の個人的な理由からではなく、将来の国家のためである。この観点から見れば大きな危険といえども何ら意味を有しないのである。われわれは怯《ひる》まないし、いかなる不安も抱かない。ドイツの若者たちの基本精神、「私益の前に公益有り」はわれわれの精神に通ずるものと私は信ずる。

世界は今、危機的状況にある。世界の人々が自ら賛同しあう、大いなる人間的な目標を見失ってはならない。それでこそ将来新しい世界文化が築きあげられるのである。この目標はすでにつくられているのだろうか。

われわれは来る世代が世界文化の誕生に貢献できるよう、賢明に、勇気をもって若者の教育につとめていく所存である。

魂の国、その礎を築くこと、高貴なる志を求めること、それに向かって自らの行動を改善すること、これがこの一六八トンばかりの小船が達成しなければならない道徳的な目標である。

一九三六年十一月

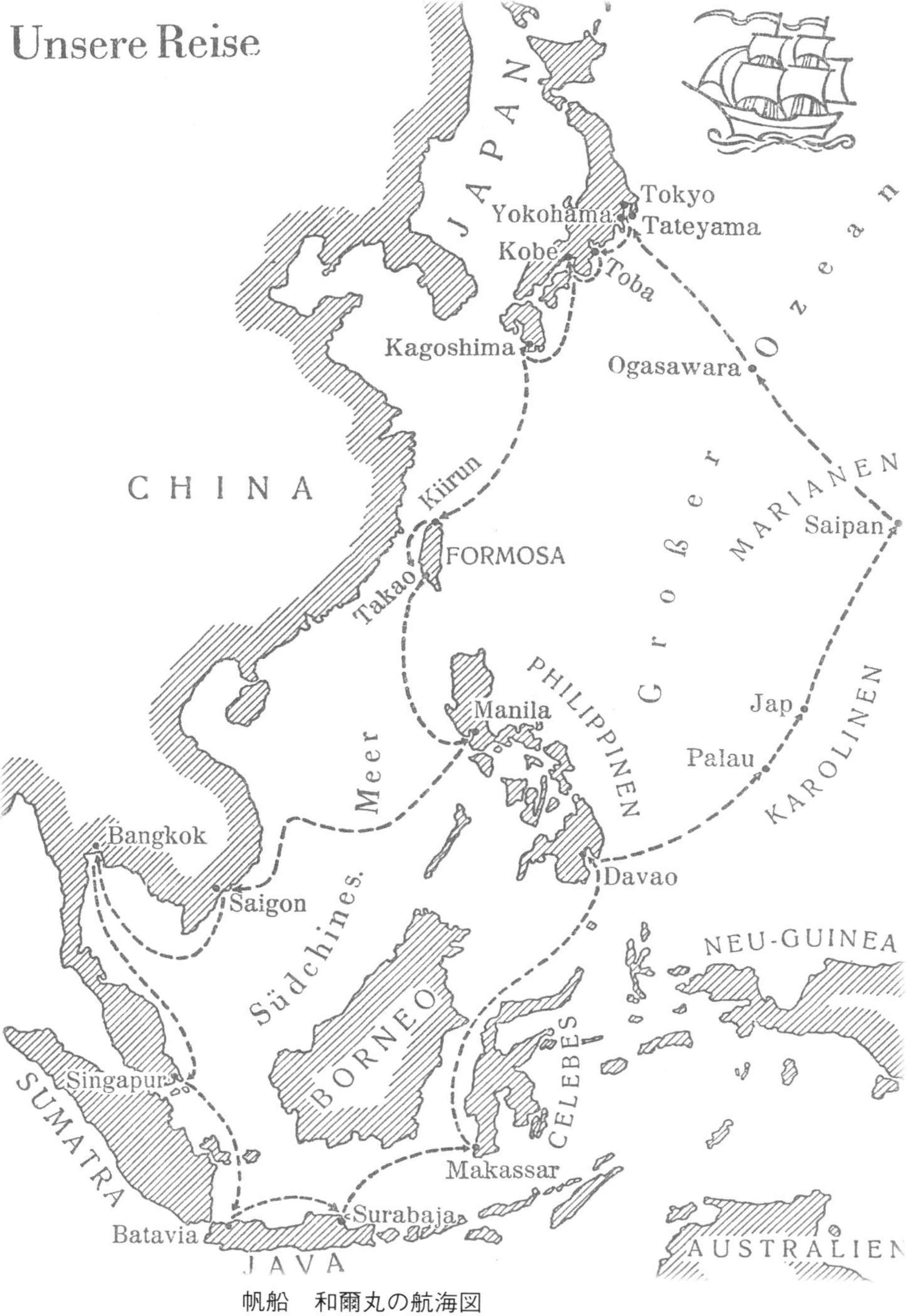
Unsere Reise
JAPAN
Tokyo
Yokohama
Tateyama
Kobe
Toba
Kagoshima
Ogasawara
Großer Ozean
CHINA
Kiirun
FORMOSA
Takao
MARIANEN
Saipan
PHILIPPINEN
Manila
Jap
Palau
KAROLINEN
Meer
Südchines.
Bangkok
Saigon
Davao
NEU-GUINEA
BORNEO
CELEBES
Singapur
SUMATRA
Makassar
Surabaja
Batavia
JAVA
AUSTRALIEN

帆船　和爾丸の航海図

目次

目　次

第一章　東京よ、さらば

ぼくは空を見上げた。碧《あお》き海に旭日旗が嬉々としてはためいていた。深紅色の太陽、そしてその光は世界の果てまでとどき，すべての人をその力強い炎の中に包み込む。下地は富士山の雪の如く、純白である。

祈りがぼくの心からこみ上げてくる。日本の太陽が、燃えるようなその愛をぼくらの上にそそぎ、祖国の神聖な山が我々の魂を永久に導いてくれますように。

翩翻《へんぽん》とひるがえる旗の下に、ぼくは今まさに数ヶ月間別れようとしている東京のシルエットを認めた。ぼくはその巨大さと美しさを記憶にとどめ、やがて離ればなれになる友人、知人たちのことを思った。いつものことだが、祖国を発つ時に別れが辛くなり、祖国とそこに生活を営む人々に対して今まで以上にいとおしさを感じたのであった。そんな時、ぼくは太陽の光が最も美しい夕刻の陽をみて気持ちを落ち着かせたのである。ぼくらの心は祖国とともにあり、その祖国の呼びかけの声にいつも耳を傾けようと思う。

歌が聞こえてきて、ぼくははっと自分が南洋に向かおうとしている帆船にいることを思い出した。岸壁には人が溢れていた。東京市民の半分が同行を望み、品川港までついてきた。その中に乗船出来なかったすべての友人たちが、心穏やかならぬ気持ちを抑えて立っ

出航前、墓碑名刻みをする団員たち

ていた。危険な航海だからといって、参加を望まぬものなどいたであろうか。しかし当船は小型であり、今回の航海に耐えられるかどうか分かったものではなかった。多くの両親が駆けつけた。表情には幸せと悲しみが混じっていた。まだ若いのに、美しい世界を垣間見ることができる息子を送る喜び、一方でかなりの期間会えない悲しみ。でもぼくらのキラキラと輝く眼はそれに対してこう答えるのだ。元気を出してください、ぼくらの少年団の力強い握りこぶしを信じてください、と。水兵、軍人そして港湾労働者さえもすぐそばまでやってきた。彼等は陽気に手をふり、おどけて見せた。やがてぼくらを客人として迎える諸国を、かれらの何人かは知っているのであろう。自分たちにはできないが、よろしくと自ら伝えたいのである。

天皇は個人的にこの果敢なる航海に祝福を与えられ、そして弟君である秩父宮を船上に遣わされた。その際は北白川宮もご一緒であった。宮様と並んで、今回の航海でわれわれが訪問するすべての国々の代表者がお見えになった。当時アメリカ大使がお見えになった。アメリカの施政権下にあったフィリピンに寄港することを計画していたから、アメリカ大使がお見えになった。ジャワやスマトラを寄港する関係でオランダの大使が、インドシナとの関係ではフランス領事が、シンガポールについてはイギリス領事、シャム国についてはシャム領事といった具合であった。すべての代表者がこの航海計画を賞賛し、その成功を心から望むと告げた。これらの高位の立場にいる人々から、異口同音に高く評価されたことは、どれだけわれわれを有頂天にさせたことであろうか。

宮様と随行者は下船した。出航の指示がされ、和爾丸は錨を揚げた。海の底から重い錨がガラガラと浮かび上がった。船体は小刻みに震え、衝撃が走った。

スクリューが回り始めた。というのも往来の激しい東京湾では、その助力をえて湾外に出なければならなかったからである。

この時、紙吹雪が私たちの上から舞い降りてきた。色とりどりの紙テープが、埠頭の友人たちから船の手すりを超えて投げ込まれた。その熱狂振りはすさまじかった。心臓の音は高鳴り、喜びのあまり呼吸することすら苦しかった。クルミの殻のような小舟、和爾丸が一七人の少年団を乗せて重要な任務に向けて出航する。それは国際港でもある東京芝浦港でも日常滅多に見られるものではなかった。海の空恐ろしさを知る者のみが、正しく判断できるのである。

ぼくらは歌を歌いながら、そのようなことを考えていたのである。

一　霊峰富士の精をとり
太平洋の潮の香を
吸ひて育ちし健児らは
今和爾丸に旗高く
希望を乗せて進むなり
吾等が海の生命線

二　紺碧の海黒潮の
流れよぎりて進むとき
波間に沈む北斗星
南に輝く十字星
健児の胸の琴線に
触るゝは何の黙示ぞや

三　マニラ、サイゴン、バンコック
ジャワ、ボルネオと巡り行く
あしたは吾等の祖先らが
足跡とめし地ならずや
行きて開かんこの宝庫
大南洋の真相を

四　委任統治の島々の
椰子の葉風を帆に受けて
王化にうるほふ民草を
親しく訪ひて諸共に
語るは吾等の務めなり
海洋健児のつとめなり

海洋健児遠航の歌　武富邦茂作
出典『義勇和爾丸の一生と海洋少年団の発達』
原道太著　大日本少年団連盟発行（昭和十四年）

なびく旗が高くあがる。すでに船首は水を切っている。ぼくらは沢山の小帆船と一緒にすべるように出港した。これらの帆船はしばらくの間、伴走を望んだ。岸壁とぼくらを結びつけていた色鮮やかな最後の紙テープが切れた。

岸壁にいかに多くの人が見送りに来ていたのか、ようやく今になって気がつくのである。二〇〇〇人の少年団も間違いなくいた。興味津々の人々に混じって、少年は帽子を振っていた。女性の着物は遠方からでも輝いて見えた。

護衛艦では音楽隊がずっと演奏をしていた。友人や知人らが声を限りに叫ぶ。ぼくらは喜びの余り、この栄誉ある出航を理解すら出来ず、のどを嗄《か》らすばかりに思いついた歌をすべて歌い上げるのであった。

誰かが地平線を指さした。何なのか。三本の銀色の矢が、海のように広がった東京の上空に姿を現した。わが日本の軍機であった。カーブを描き、機首を下げ、われらの船近くまで降下した。劈《つんざ》くような爆音をたてて、頭上を飛び去った。一瞬であるが、機影が太陽の光を遮《さえぎ》った。私たちに対する敬礼であった。どなたがこのようなご配慮をされたのか。天皇ご自身ではあるまいか。同輩の何人かはとっさにマストに登り、答礼に小形の帆を張った。見たまえ、われわれはもうすでに操舵作業におけるささやかな訓練をこなしているのである。

この出来事はわれわれを大いに勇気づけた。ぼくらには確かに身に余る敬意が示された。自分たちにかけられた期待を、いつの日か応えることができるだろうか。しかしそうなるにはどうしたらいいのか。しかし期待に応えることは決して辛いことではないのだ。

軍機はしばらく上空を旋回し、ぼくらの帆船の進路に並んで飛行した。そしてついに東京に帰っていった。一時間後には護衛艦も去っていった。最後のファンファーレが演奏され、ぼくらは自分たちだけとなった。ぼくらは善意のこもった、しかし雑然とした紙テープを急いではがしにかかった。別れの際の、細々としたことを今一度語ることはあきていやになることではなかった。誰もが自分の目で観察しており、そのいくつかはとても愉快なものであったからである。

館山港は東京湾のなかで最も外洋に近い港である。到着までに四時間要した。そこで何人かの少年団長と新聞社の取材記者らは下船した。翌日には沢山の写真入りで特集記事が組まれ、多くの日本人に読まれることであろう。一日中われわれは関心の対象の中心とな

展帆、縮帆訓練

り、翌日にはまた別のニュースが登場することであろう。

一人の記者が船に残った。航海日程のすべてに同行することを意図したのである。しかしぼくらが公海洋上に出たとき、彼はひどい船酔いに襲われた。甲板の手すりに寄りかかり、ぼくらには分かるが、どうしようもない容体に苦しめられたのである。鳥羽で彼の計画は早くも頓挫した。生気を失い、死んだような彼をそこで下船させたのである。

第二章　和爾丸と日本海洋少年団について

さて、ここで和爾丸とその乗組員について若干説明することは必要であろう。あなた方もそれを期待していると思う。技術的なことにさほど興味を抱かぬ者も、われらの帆船、いわゆるブリガンティン型帆船（注：前が横帆、後ろが縦帆の二本マストの船）が、クリストフ・コロンブスがアメリカを発見した時乗船したサンタ・マリア号と大きさの違いこそあれ、同じタイプのものであったということにきっと興味をそそられるであろう。

でもぼくらには新たな陸地を発見しようなどという計画は持っていなかった。この本の終章まで読んでがっかりするだろうが、陸地などは発見しなかったのだ。その責めは過去にすんでしまったことなのだとしておこうではないか。それとも大陸発見時代にこれを遂行したスペインのコンキスタドーレス（注：征服者の意）のせいとしておこう。多少の慰めになるが、ぼくらの船にはディーゼル・エンジンが搭載されている。二二五馬力あり、補助力として活躍するが、コロンブスが願っても利用できなかったものである。しかし、もしぼくらがコロンブスと入れ替わることができたとしても、ぼくらはこの強力な補助エンジンを放棄してしまったであろう。そもそも新大陸の発見などぼくらには無理なことであった。ぼくらはルドルフ・ディーゼルのすぐれた発見を心にとどめ置くのみである。

ぼくらの船はブリガンティン型帆船である。それはグローセン・ヘルダー百科事典によれば、地中海でよく見かける二本マストの帆船である。同じ二本マストでも、ブリッグ型帆船が二本のマストとも横帆であるのに対して、一本は縦帆であることだった。ブリッグ型帆船は上記の百科事典が示すように、二本のメーンマストを持つ中型の帆船のことである。

キール（竜骨）方向に横たわる主帆の斜桁《しゃこう》帆はブリッグ帆と呼ばれている。困ったことだが、ブリッグ型帆船のイタリア語の意味は海賊船である。ぼくらの船には全く当てはまらないが、和爾丸の外観はとても立派なものである。いずれにせよ、それは日本の船であり、いかなる誤解も拒むものである。船は一九〇九年の二月に建造された。

船は全長一〇四フィート、全幅二五フィート、喫水《きっすい》は一二フィートである。自宅の庭で、または通行止めとなった道路でこの長さを実測し、実際に歩いて体験してみたらいい。また船の平均速度は時速八ノットである。総トン数は一六八トンであるが、登録トン数は一〇九・四九トンという標識を掲げているのは係船料などを考慮すると賢明なことである。

最後に記録として次のことを報告しておこう。帆だけによる航海日数は十四日、荒天の

和爾丸　ブリガンティン型帆船模型（中村学園所蔵）

ため帆を張らずに航海した日数は二十七日、外国の港に投錨《とうびょう》したのは七十一日、全行程の航海距離は一万三〇〇〇海里である。

さて乗組員のことである。何はさておき、われわれの立派な船長を紹介しなければならない。海の試練をかいくぐり、日本の海洋界ではほとんど伝説的な人物である初又胤雄《はつまたたねお》である。彼より優秀な船長など、得ることは出来なかったであろう。彼は長年南洋の洋上で活躍してきて、またその中でも多くの時間を真珠採取船の中で過ごしてきた。ニューギニアの沿岸で海のダイヤモンドを追い求めたのである。彼が経験してきたことは多すぎて、全部は紹介できない。でも船長はとりわけ機嫌の良いときや、到来する台風が彼の温厚な人なつこさに暗い影を投げかけない時などは、話してくれるのだ。

初又胤雄は二〇人の船乗り全員に命令を下す。みんな経験豊かな船乗りたちだ。彼らは一丸となって結束する一方で、ぼくらに航海技術を伝授するという名誉ある、そして疑いもなくありがたい任務を負っていた。この頼れる船員達がいなければ、危険な海に漕ぎ出でることなどはできなかったであろう。

海洋少年団も同様に一七人からなる。日本全国の各地から集められ、選考され、さらに出港の一ヶ月前に乗船、船室に引っ越してきた。この試練期間は必要な船上の訓練に有益であった。

四人の研修指導官が少年団員に付けられた。研修活動の責任者は原道太であった。（注：当時の雑誌広報によれば、彼の立場は派遣団長、義勇和爾丸司令、少年団日本連盟理事であった。尚、著者小林珍雄は派遣団幕僚、通訳であった）

二人の指導官そして技術上の指導官の他に、ぼくには研修活動における外交上の世話係という任務が課された。とても名誉ある任務であり、役職名もふさわしいものである。若干の外国を旅行したことで、いくらかの知識を持っていたし、外交上の課題が一番よい方法で解決出来るよう、ぼくを信用して任せてくれたのである。ぼくは寄港先の島や諸国の官庁や領事館、それに政府との手続きに専念したのであるが、それは手間暇かかる、そして時には煩瑣《はんさ》で形式的なものであった。同時に現地における若者の行動も研究せねばならなかった。行動の研究とは大げさかも知れないが、この研究の為にはもっと長い滞在が必要であろう。それでもぼくは本質的なことを究明して、東京の指導官らに報告出来るよう努力をしたいのである。

日本の大学の若い研究者が五人同行した。彼らはこの調査探検を科学的見地から活用しようと試みる。熱帯病、動植物の分布状況、地理学上、天文学上、航海上の種々の測量、貿易と農業経営も研究課題となっていた。

和爾丸の乗員は全員で五三人である。この航海を非常に意義のあるもの、またはそれほどではないと思っていたとしても、そのことを黙っていたら不遜なことであろう。ぼくらに置かれた信用は絶大なものであった。数々の有用な機材を供与してくれた。そして多くの家族や関係当局がわれわれの企画に資金や他の援助をして支えてくれたのだ。少年団の団長や一般の国民は、ぼくらから何かを期待する権利があるのだ。自然の猛威がわれわれを見殺しにするのでなければ、少なくとも計画を立派に遂行しなければならない。すべての課題を誠実に遂行すること、それにこの偉大な国家にあって心正しく生きること以外にぼくらにはいかなる誇りも存在しないのである。

ぼくらの目は喜びに輝き、懸命に仕事に取りかかったのであった。

第三章　南洋航海の経緯《いきさつ》

航海の経緯《いきさつ》について説明する前に、以下のことを知っておいて欲しい。歴史は多くの人にとっては退屈なものかも知れないが、これはとても残念なことである。若者が先祖の伝統を研究することは、とても価値のある活動であるとぼくは考えている。日本の少年団運動の理解と、今回の航海企画を理解するために、唐突《とうとつ》であるが、歴史について若干《じゃっかん》述べたい。

天皇は天子の子、国の統治者としてのふさわしい権力をいつでも有していたわけではなかった。前世紀中頃に至るまで、自らの権力は征夷大将軍という特定の武将たちによって行使されてきた。中世において将軍は全権力を掌中におさめ、京都で華美な生活を送る天皇には完全な統治者としての権限を与えなかったのである。庶民と何人かの領主たちだけが天皇を尊敬し、強い信頼で結ばれていた。明治天皇は近代日本の創始者であり、幕府政治から権力を完全に取り戻すことに成功した。帝位についたのは十八歳の時であった。天皇は当時の日本が必要とした人であった。アジアの東に位置する島国国家が独立した国家にとどまり、世界の最も影響力ある国民に成長できたのは基本的に天皇のおかげである。新時代の扉を天皇はお開きになり、日本帝国の礎《いしずえ》を築いたからこそ現在の国民があるのである。当時まだ江戸と呼ばれていた東京に、天皇は京都から宮人《みやひと》とともに移られた。多くの改革が短期間の内に行われた。外国人顧問そして技師や研究者、官吏《かんり》が首都に集められた。多くの学生がヨーロッパの大学に送られ、日本は一歩一歩先進国の一つに並び称されるようになった。日本人の良き特性。すなわち高い勤労意欲と決断力の強さが改革を成功に導いたのである。

新たな御代《みよ》の時代は国内の争乱と他国との戦争があり、わが国はそれに耐え抜いた。中国や露西亜《ロシア》への出兵と第一次大戦への参加は領土の拡大をもたらした。明治天皇は一九一二年に薨去《こうきょ》されたが、善男善女は明治神宮に一生に一度はお参りし、崇拝の念を現している。後を継いだのは大正天皇である。天皇は先の天皇の開明的な精神を受け継いで、同様の政策を行った。

大正天皇は一九二六年に皇位を継いだ後の昭和天皇とともに、古いしきたりや先代天皇らの慣習を思い起こしたことは新たな意味をもたらした。性急な国家の発展はおろそかにされたものが少なくなかった。しかし今はこの伝統をしっかり守り、国民がそれを受け継いでいかなければならないのである。

日本民族の基本的な力強さは家族と古き良き伝統にある。多くの人がどうしたら武士や騎馬武者たちのような堅固な美徳が得られるのか考えている。若者はこの精神の中で教育され、働き、生活しなければならない。彼らは武士道精神、祖国愛、天皇への忠誠が求められているのだ。

こうした考えの決定的な転機となったのが、今日の昭和天皇、当時は皇太子であった裕《ひろ》仁《ひと》皇太子の英国訪問であった。英国ボーイスカウト、ベーデン・パウエル卿へのご下問に際し、天皇はこの団体の活動に多大な関心を示された。この活動は日本の若者の理想と合致するものであった。スコットランドのエジンバラでは少年団同士の交歓があり、そこで天皇は英国と日本の若者が互いの目標の実現に向かって、助け合うことを望むと述べられた。

このお言葉に日本中が歓喜した。それぞれの少年団の団長は結束し、天皇を長として仰ぐ日本少年団連盟を結成することを決めたのである。海洋少年団を含むすべての少年団は組織化され、武士の心にあった精神は二十世紀に入って、この若者の間に自然と息を吹き返したのである。こうした新たな少年団の活動は皇室の直接の保護下に入った。

その当時から行われ、多くの若者達をこの組織に勧誘した大がかりなキャンプや集会について、そのすべてをここに述べる必要はないと思う。少年団は天皇及び皇子の幾度かのご来臨をいただく光栄に浴した。数年前、天皇は海洋少年団の来賓となり、和爾丸に乗船してささやかな航海を楽しまれたことがあった。天皇はこの船をその当時から知っていたのである。

少年団は天皇と国民への奉仕を望んでいる。勤勉は好ましいぼくらの美質である。この良き美質を育みたいと願うが、そうすることで、国旗を背負うぼくらは公共生活における重要な課題に取り組む意欲や能力を発揮できるのである。

確かにぼくらは若い。それには反論の余地がない。それでも拳を硬く握り、必要とあれば命を敵陣地に投ずることができることを何度か証明してきた。

一九二三年の関東大震災、そしてそれに続いた東京大火災はわれわれの勇気と決意を証明した。団員は孤児を保護し、生き埋めになった者や焼死体を収容した。破壊の後の瓦礫《がれき》の山を片付けた。人が活動している所は、どこであれ団員の姿があり、その不屈の精神は戸惑い、意気消沈した人々の心を勇気づけたのであった。

われわれは前進する。自分たちは偉大なる先人の意志を継ぐ者であり、美しいこの地球の後裔《こうえい》であることを知っている。ぼくらは少年団宣誓に示されているとおり、世界のすべての若者達と共に、平和と進歩と親善に貢献することを希望している。

一九三三年に皇位継承者、明仁親王（注：現上皇）がお生まれになった。国を挙げての熱狂ぶりはすさまじいものであった。すぐさま、ぼくらは皇室への忠誠と国民の気持ちが一体であることを、格別な行動で示さねばならなかった。こうして海洋少年団の団長はある考えに行き着いたのである。和爾丸で南洋の航海に乗りだし、寄港地でわが同邦人を訪れ、祖国からのご挨拶を届けることである。これは前代未聞の美しい航海であるに違いなかった。ぼくらはすでにその航海に入っているのである。

第四章　伊勢神宮参拝

館山で何人かの特派員と少年団団長が下船した。この港からそう遠くもないところに大島が浮かんでいた。夢で見るような、美しい天国のような所である。南国の不思議か、島は逞しい火山の冠を被り、その煙は島の上をたなびいている。夏の出航にふさわしい景色である。そうこうしているうちに、われわれは葉山沖にいた。

葉山では天皇が御用邸に滞在されているに違いない。急いで衣服を真新しい制服に着替え、デッキに並んだ。御用邸に向って最後のご挨拶をすべく、整然と閲兵式の如くに整列した。すでにぼくらは東京の皇居前を行進し、深く敬礼し、天皇に敬意を表していた。この習わしは日本を離れるすべての調査団、スポーツ競技団体が行っていたものであり、その行為は美しく、また品位があった。この習わしはすべての活動において意味のあるものであった。今度は母国の方に向き直って腰を低くかがめ、恭しい《うやうや》、決して楽ではない姿勢を五分間保った。

すでに外洋に出ていたので、船はかなり強く揺れた。静かに立っていることなど、全く出来なかった。夕暮れとなった。濃霧が荒れる海に垂れ込めたが、時々風が霧を晴らすと、遠くの浜辺に光がキラキラと輝いたり見えなくなったりした。ぼくらは仕事にとりかかった。出航の際のお祭りのような騒ぎは、あらかじめ分かっていたことであるが、秩序ある船上の日常の中に消え去って行った。規律はしっかりと守られねばならなかった。船上の秩序が今は要求されるのだ。今回の航海は第一に保養旅行などというものではないのだ。気の向くまま安楽を追求し、仕事を単に仕事としてしか見ないようなことは自分たちに許されない。それは当然のことである。誰も期待外れなどとはいわないであろう。ぼくらの気持ちは一つに結束していた。

最後に残った一人の特派員は甲板の手摺りによりかかり、本当に気の毒であった。この状況ではきちんとした新聞記事など書けるわけはなかった。記者の仕事は見かけは立派で羨ましくみえるが、普通にぼくらが考えるよりもしんどいものなのだ。

こうして初めての宵《よい》、初めての夜、そして初めての朝を迎えた。まっすぐ鳥羽《とば》に向かって高波を切って進んでいる時には常に強風が吹いていた。午後には投錨した。ぼくらは伊勢神宮を参拝する計画であったが、それには鳥羽港が適当であった。伊勢神宮には、日本のしきたりに従ってお参りしたかった。ぼくらと今回の遠征を、先祖に託したかったのである。これは国民の伝統に深く根付いたものであり、多くの大切な行事の際に実施された。

例えば天皇がある新閣僚を任命した時、その閣僚は伊勢神宮に真っ先にお参りし、祖先と神々に礼拝するのである。今日では学校の生徒達も、毎年一度伊勢にお参りするようになっている。ここは国民の巡礼の地である。宗教上の行為というより、神社を参拝する人にとってはすくなくとも国民の礼拝であり、日本民族の祖先とその精神に対する信仰の表現である。

ぼくらは鳥羽を直ちに出発した。伊勢を人は日本の信仰のメッカともいっている。この比較は表面上からしか見ないで判断してしまう場合と同じように、少しばかりこじつけのように思える。二本の水平の、そして同じく二本の垂直の円形の自然木からなる大きな門をくぐると、神宮にたどり着く。このような門のことを鳥居という。日本の神社はたいがい壁の左右のくぼみに彫刻で彫った恐ろしい龍がうずくまっている。この二匹の龍は守護神であり、神宮内に入ろうとするいかなる邪悪な悪霊も払いのける。龍が怖い余り、ぼくは邪悪な精神に忠告してやろうなどとの気はさらさら持てなかった。邪心のない巡礼者すらこの龍を見ると身震いするのである。

境内《けいだい》はいくつかの神社に囲まれていた。日本の神社はどっしりとした力強い屋根からだけで成り立っているように見える。この切り出した大きな材木からなる建築は、がっしりとした木の円柱に支えられている。四面は開放的で、装飾はない。中央には櫃《ひつ》が置かれている。ぼくらはまず手と口を階段の左右に置かれた大きな水盤の一つで清めた。次に神官が紙垂《しだ》を付けた小枝を持って現れ、ぼくらの頭上にかざした。それから神官は神道のおごそかな祝詞《のりと》を上げた。お清めを受けたぼくらは階段を上ることができた。礼拝し手を大きく広げて、全員一緒に拍手した、一度、二度、そして今一度礼拝し、祖先に御加護を願ったのであった。

さてこの神宮に関するいわれを話そう。伊勢神宮は光り輝く女神である天照大神《あまてらすおおみかみ》の神社である。神話によれば父君であるイサナギの左目から生まれたとされている。イサナギは世界と、そして最初の国として日本を創造した。日本人が言うように、それは日《ひ》の本《もと》の国の意である。それからイサナギは海底を上げて固定させ、他の国々を創造した。イサナギの子供たちは日本に住み、間もなく人数が増えて、ある所では争いが始まった。流血の騒ぎとなったので、天照大神はその国を自分で支配した。大神はオシボという名の一人の息子を産んだが、大神はイサナギの孫に当たるタマノリヒメをこの子に嫁がせた。二人の結婚から生まれた最初の男子、ニニギに大神は日本の統治を任せたのである。ニニギの神は天の国を去る時、三つの宝物を受け取った。すなわち、鏡、剣《つるぎ》そして勾玉《まがたま》である。天照大神は彼につぎのように告げた。「この鏡はあなたの子孫に、わたしの現在の姿を写してくれよう。鏡がきれいに輝くように、あなたの国に対する支配も広く行き渡りますように。あなたとあなたの一族は永遠にこの国を統治するであろう。賢く統治しなさい。そのために澄んだ勾玉が意味を持つのです。剣でもって国を守り、その敵を撃退しなさい。」

鏡、勾玉そして剣は今日まで守られて来ている。それらは今も日本の皇室の権威を現す象徴である。であるから日本の天皇はいかなる王冠も被ることはないのである。

ニニギは天の国の王位を去り、大勢の従者を連れて地上に降りられた。天の七つの色鮮やかな橋を越えたが、彼の御御足《おみあし》が日本の土に触れると橋は粉々に砕け散った。彼の子孫は日本の天皇となり、現在までそれが続いている。

ニニギノミコトが天を辞去《じきょ》する際に天照大神が与えた鏡は今、伊勢神宮に安置されている。人はそれを数百年、恐らく数千年もの間それを見てはいない。天皇自身も然りである。鏡は緞子《どんす》に包まれ、木の箱に容れてしまわれている。布地が傷めば、錦《にしき》の織物がすぐにでも古い布地の上にかぶせられる。そのようなわけで、大昔から人はこの鏡を見たことはないのである。木の箱は内宮に安置されている。

人は遠くからそれを眺めるだけである。天皇だけが幾人かの神官に付き添われて内部に入ることができる。そこで天皇は祖先と、自分がその子孫でもある神々との対話をもたれるのである。神々は国の政治に関して、天皇に知恵をさずけたりする。

ここの聖域は、さきほど申したように、千年の歴史を持つ。神宮はそれに対して二十一年毎に壊され、建て直される。この神座におわすものを神という。少なくても一生に一度は参拝するのが巡礼の目的である。

帰路、多くの巡礼者に出会った。男性も女性もすてきな和服に身をつつんでいる。娘やご婦人たちは何か大きな行事の時に洋服を身につけるが、それもいつも決まっているわけではない。日本の女性は色鮮やかな、長いだらりとさげた袖の着物で身を包む。着物はうっとりとするような優美さと軽やかな印象を与える。靴は履かず、小さな歯をつけた下駄という木製のサンダルをはいている。男性はいつも通り黒みがかった素材からつくられた着物に下駄履きである。

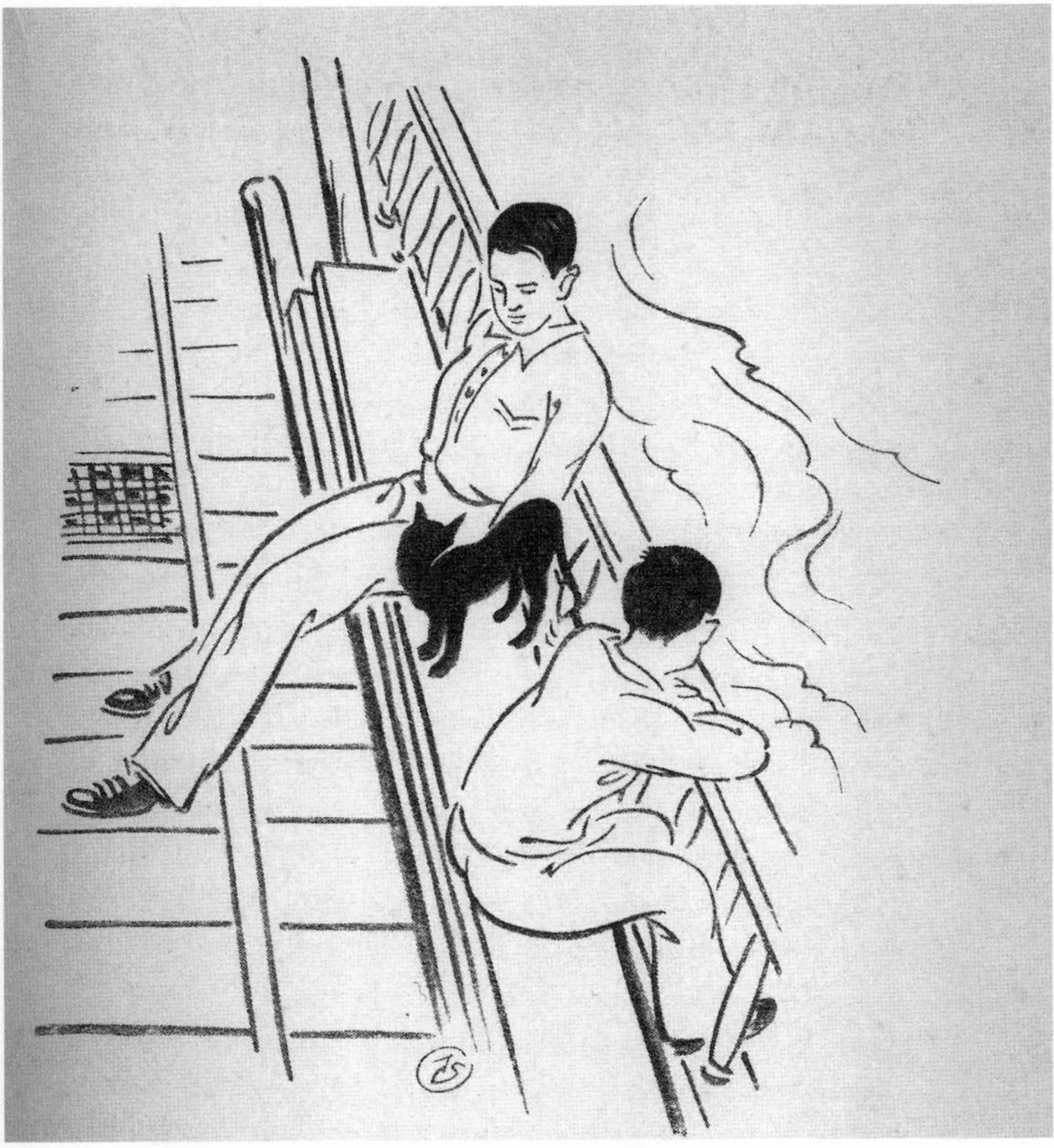

船上での猫と少年団員たち

祖先の御霊に今回の計画の成就を祈願し、神々に対して、勇気と安全な航海をお祈りした。

ぼくらが船に戻って来たとき、猫が元気よく楽しそうにぼくらの周りを飛び回った。昨日は船酔いになったかのような様子であったのに、今は目が輝いていた。この子猫はわれわれのマスコットであった。海洋少年団の仲間の一人から出航の際にプレゼントされたものであった。団員の誰もがともかく何らかの動物を船上に持ち込んでいた。なぜなら、自分は認めなくても、例外なく皆が縁起をかついでいたからである。それは不思議なことではない。空と海の恐ろしいばかりの孤独を、不気味な静寂、猛り狂う嵐の中の孤独を考えてみればいい。彼らによれば自然の中には目には見えないがさ迷う魂があって、それが時には人間につらく当たることがあると信じている。船上の動物は幸運をもたらし、動物たちが事故や病気で死んだり、おぼれ死にしたりするのをひたすら待っているような悪霊に立ち向かってくれる。動物がそうなれば、やがてくる不幸な事態の悪い前兆である。

そういうわけで、ぼくら海神の末裔《まつえい》は猫が満足し、いつも楽しそうにしていられるよう、考えつく最大限の努力をするのである。ぼくらが帰船して猫が気楽そうにしているのを見ると、両者は互いに喜びを共有していることがわかるのである。猫は風のように船内のあちこちを飛び回り、たくさん遊んで欲しいとじゃれる。われわれは猫を追いかけて船のあちこちを走り回るが、なかなか捕まえることが出来ない。賢くて元気な猫であった。ぼくらはこの猫をマスコットと名付けた。マスコットからは面白いたくさんのことを知ることになった。

知っての通り、例の特派員はここで下船した。ぼくらは鳥羽を出港し、大阪の国際港である神戸に向かった。この二大都市は島国日本の貿易の中心である。

神戸では武士で国の英雄となっている楠木正成《くすのきまさしげ》の神社を訪れた。この有名な神社（注：湊川神社のことを指す）は彼の功績を称えて建てられたものである。その騎馬像は東京の皇居前に立っていて監視の目を光らせている。彼は後醍醐天皇が封臣《ほうしん》、足利尊氏《あしかがたかうじ》の攻撃を受けた時に救出に駆けつけた偉大な武将である。謀反人は長い戦闘と幾多の犠牲を払って、ようやっと楠木の死にものぐるいの小部隊に打ち勝ったのであった。

神戸に面した海を大阪湾という。大阪湾は瀬戸内海の一部にあたる。瀬戸内海はわが国の歴史においてヨーロッパの地中海と同じような役割を果たしている。瀬戸内海は本州、九州、四国という大きな島々に囲まれている。ぼくらは明石海峡を抜けて瀬戸内海に入った。海は波一つなかった。外洋の、そしてその大きく起伏する大きな波から遮断されているからである。自然の美しさで知られた、この天国のような海を船はゆっくりとすべって行った。絵に描いたような魅力ある島々のそばを通過した。もっとここにいたいと、ぼくらが願いを抱いたのは一つの島にとどまらなかった。この思いは今回の航海全行程において、心から離れないものであった。到る所に、ぼくらをうっとりとさせ、おとぎの国のような風景や島々が見られたのであった。

信じられない美しい経験であった。ぼくらのうち数人だけがこの瀬戸内海を知っていた。他はたまたま見た絵や写真によって知るばかりであった。写真などを見ただけでは若人の心が満足することなどありえないであろう。多くの帆掛け船にたくさん出会ったが、中にはズタズタに引き裂かれた幅広の帆を広げた船もあった。これらの光景はわれわれの空想を掻き立てた。ぼくらは明らかに好奇心を抱いて遙か彼方を見やる。そしてどこかで海賊の頭領がジャンク船（注：中国の平底帆船）の船首に立ち、うすもやの中をじっと見つめ、略奪しがいある獲物を探し求めているのをそっと期待するのだ。しかしながらそのようなことは起こらなかった。ぼくらは南東に向かうべく門司海峡を抜けてこの美しい瀬戸内海を後にしたのである。

日本列島の南に位置する九州は、東と西の付け根に二本足のように半島が海に突き出ている。このことは驚きだけれど、興味深い。東側の足は大隅半島という。ここを回って鹿児島港に停泊した。鹿児島は百年前に日本の開国をめぐって大きな騒動になって、イギリス人が砲撃を加えたところである。（注：薩英戦争のことを指す）

鹿児島では二日間停泊した。望むところではなかったが、それで良かったと思う。ぼくらの航海路に、停滞した破壊力ある台風が存在しているとの情報が無線通信士に入っていたのだ。航海者であったら誰もがそうしたように、台風が通過するのを待つことにした。

現代の無線通信設備は今の時代の恵みである。以前は数多くの帆船が、何も知らないまま台風に巻き込まれ遭難していた。どうしようもないことのように思えていたのだ。しかし無線通信は手遅れにならないうちに、時にはタイミングよく差し迫る危険を警告してくれる。船の安全がもはや確保されなくなり、多少とも望まぬ被害をこうむることは今日でもある。台風は途方もない速度で海上を移動し、ほぼ毎年日本の沿岸に被害をもたらしている。屋根を吹き飛ばされた家々、倒された電柱、横倒しになった電車、荒廃した森や田畑などはその嘆かわしい状況を示している。

台風が北に進路を変えた時、ぼくらの小さな船は吹き飛ばされそうになった。この強固な鹿児島港もあまり安全とはいえないのである。

第五章　聖人の足跡

鹿児島港がぼくらを台風から守ってくれるのか心配だったが、台風は方向を転じ、その破壊の矛先を別に向けた。ぼくらは身近なところで突如として自然の脅威にさらされたが、それに対して人間があらがうことはむだであった。

ここは鹿児島であるが、当時日本のこの地に上陸し、大きな影響を与えたヨーロッパ人の一人を思い出さざるをえない。スペインの山地、ナバラ王国のハビエル城に生まれた、パリ・イエズス会士のフランシスコ・ザビエルである。この勇敢で大胆な宣教師は、格別な人間的な魅力を備えていて、一五四二年からインドでキリストの教えを広めて大きな成功を収めていた。ザビエルは極東ではじまったばかりの布教活動を盛んにするため、一五四九年に日本にやってきた。そしてここ鹿児島に彼の乗った船は錨を下ろしたのである。

ザビエルは日本に来た最初の宣教師である。同行したのは日本人で、名をアンジローと名乗った。日本人を同行させたことは、見ず知らずの人間との関係や、そして見知らぬ人種の中でキリストの福音を広める上において、先見の明のある考えであった。彼はその土地の言葉で布教し、計画的に調査を行い、布教活動における役割を決めた。この地で人びとの質問にきちんと応えることで、信者の育成に腐心もした。彼はキリスト教をもたらし

鹿児島

たのだが、自分自らが教えの模範となった。しかし改宗の方法は布教する新しい地域の特性に合わせたのである。彼の任務は他の独善的なヨーロッパ人がこだわっていたように、西洋の風習や慣習を無理に伝えたり、この国の領主の様々な要求に安易な了解をちらつかせたりすることではなかった。ザビエルは教え、洗礼をほどこし、そして間もなく一〇〇〇人もの日本人を日本の最初のキリスト信徒集団に育てあげた。

一年あまりの鹿児島での活動の後、彼は内陸をぬけて平戸に向かった。そこではポルトガル人達が貿易を一手に引き受け、取引の中心となっていた。彼は思うところあって、もっと大きな目標を抱いていた。天皇と会見出来れば、信仰をさらに広げられるのではないかということである。当時、京都は争乱と危険が渦まいていたが、頓着せずに彼は天皇が住まわれるその地に向かった。しかし都は無秩序を極めていて、お目通りはかなわなかった。しかし、少なくともキリスト信徒集団にとって、一粒の種を蒔いたということで満足せねばならなかった。天皇に謁見《えっけん》を願うなどということは、この国の歴史の中に見出すことはできないことなのだ。

ザビエルを取り巻く状況は変わった。重要な任務が彼をインドに呼び戻したが、当地に戻ってしばらくして彼は亡くなった。彼の墓はゴアにある。彼の功績は今も信徒たちの間に生き続けている。

二人の宣教師を彼は残したが、間もなくさらに後に続く者があった。キリスト教はゆっくりと、でもしっかりと人の心に浸透していった。二十五年後には日本の教会は一〇万の信徒と七五人の宣教師を数えるようになったのである。安定した社会よりも、当時の内乱の状態が洗礼を受けやすくしたともいえた。

宣教師たちは病院や孤児院を開設したが、それは教会の強い社会貢献の現れであり、彼らの奉仕への献身と祝福とをまざまざと示すものであった。数多い不治のハンセン病患者を収容する施設が建てられたとき、建物を前に人びとは当初はただ唖然《あぜん》として立ちつくしていたという。今まで指さえ触れず、それどころかこの恐ろしい病気を持つ人は早く亡くなればいいと誰もが思っていたのだった。身勝手な対応であった。このような口さがない人びとは、この病に対して立ち向かおうとしなかったのである。信徒の対応はこの悪疫の発生地を遮断し、隔離された人びとに人間らしい生活を取り戻すお手伝いをすることであった。

これ以降、布教活動が政治的な意図を持つことがなく、布教活動のみに行動を制限していたとしても、キリスト教は国内の政治的な動きに大きく左右されることになった。

戦国武将織田信長はキリスト教を特別に庇護《ひご》した。彼の部下の多くも洗礼を受けている。しかしある晩、織田氏に反旗を翻した明智光秀とその軍団によって包囲された。敵の手に身を委ねるのを嫌い、彼は切腹した。織田氏の後継者、豊臣秀吉は当初は布教活動を保護したが、幾人かの信徒達との慣行の行き違いから争いとなった。確かに根拠があることであったが、彼はキリスト教徒と名乗るポルトガル人の船員の振るまいが気に入らなかったのである。これがきっかけとなり、彼は禁教令を発した。これが守れないと分かると、何人かのイエズス会士を含む二四人のキリスト教徒を捕縛し、京都から長崎まで連行した。（注：途中で二人加わり計二六人となる）長崎は当時最大のもっとも熱心な信徒集団がいた。そしてこの二六人を十字架にかけたのである。東洋における最初のキリスト信徒の血が流されたのであった。

さらに秀吉はキリスト教徒を弾圧したが、それは二人のキリシタン大名であった高山右近や小西行長を恐れたからではなかった。布教活動は禁止されたが、信仰は広がった。フランシスコ・ザビエルの来日から三十八年経って、信徒数は二〇万となった。もし主張の異なる宣教師達の間で心苦しい、必要もない対立抗争がなかったなら、逆におそらくこの布教活動は失敗に終わり、良い結果をもたらさなかったかも知れない。

フランシスコ会とドミニコ会は、以前から活動しているイエズス会に対して勢力を挽回しようと試み、熱心さのあまり無思慮な行動にまで出た。日本では法律をあからさまに破ることは決して許されなかった。法律に従うことは、日本人にとっては血肉に染みこんだものであり、このことは日本国にとっていつの時代も基本としてよく守ってきたことであった。

よりによってこの困難な時に、スペイン船が座礁し漂着した。積み荷に六〇万クローネ金貨を発見したが、それを秀吉は座礁代価として押収した。怒った船長が沈黙を守っていたら、この事件はこれ以上大きくならなかったし、この出来事は思い出されることもなかったであろう。彼は船長としてできることをやったのだ。彼は怒りに体を震えさせながら、こうしゃべってしまったのである。「スペイン王は復讐するぞ。宣教師たちが派遣されたのは陸地を調べて、後からやってくるスペインの軍勢が略奪をたやすくできるためなのだ。」しゃべってしまったことは、取り返しが付かなくなった。秀吉はそら恐ろしい決断をした。すなわち外国人全員に対して厳しい態度で臨むことであった。しかし秀吉は計画を実行に移す前に死去した。その後、新たな宣教師が来日し、一〇〇〇人もの日本人が洗礼を受けた。各地に教会が建ち、信徒は未来に希望を抱くようになった。

だが、そうなるにはもう少し時間が必要であった。先ず最初にオランダ人が来日した。ヨーロッパではマルティン・ルターが現れて、教会の腐敗を批判した。オランダ人は篤信《とくしん》のクリスチャンではなく、さらに海賊でもあり、実際の行状もまさしくその通りであった。しかもポルトガル人やスペイン人とは敵対関係にあった。ある日突然、スペイン人は日本を略奪する意図があるのだという噂が広がった。オランダ人が流したものだった。この時、日本人は布教と交易とは別物であることに気付かされた。オランダ人は交易のみが大事であった。一方、スペイン人の方はキリスト教の布教も同様に行うとの意図を持っているように思えた。スペイン人を追い出せば、キリスト教の信仰問題は解決し、片やオランダ人との付き合いは交易をさらに発展させることが可能であった。

ヨーロッパにおける悲しむべき宗教間の対立や三十年戦争は、その影響を極東にまで広げた。日本に早くから定住していたイギリス人は、ヨーロッパ各国からイエズス会士たちが国を追われていることを報告している。日本政府は密偵をヨーロッパに送り、これらの情報の確認を行わせた。マニラにスペインの軍隊が到着し、彼らキリスト教徒たちによって非常に多くの中国人が虐殺されたことは、政府の禁教政策を押し進めることになった。キリスト教に対する初の禁教令が出され、キリシタン大名は追放された。領主たちも入信することを禁じられたのであった。

誕生間もない日本の教会はこのような出来事によっても少しも怯《ひる》むことはなかった。ヨーロッパから希望を失わせるような情報が届いても、それはキリスト教を棄教するより十字架に架けられる勇気と信仰心を与えた。

日本の教会はキリストを見捨てなかった。宣教師は日本人であれ外国人であれ追放された。教会も撤去された。信仰を捨てない者は最初は優しく説諭《せつゆ》され、効果がないと分かると断首されるか磔《はりつけ》にされた。しかし多くの信者が殉教の道を選ぶと、洗礼を受ける者が増えていったのである。このことはキリスト教の偉大さの証である。一人が斃《たお》れるとその人の為に二人が、いや一〇人もの人が立ち上がったのである。

為政者の政策は正反対の結果を招いた。役人は最後に最も残虐な暴力に訴え、恐ろしい刑罰が用意された。しかし棄教者の数はごくわずかであった。母親はわが子を腕に抱いて恐れることもなく、火中に身を投じた。二〇万の信徒が壮烈な最期を遂げた。ある都市だけでも四万人が亡くなった。このような中で島原、天草の乱が起こった。江戸幕府の弾圧に対して最後の抵抗を試みたのである。四万人のキリスト信者が砦にこもった。彼らは包囲され、最後には赤子に至るまで情け容赦なく殺害されたのである。オランダ人は大砲で反乱の鎮圧に大活躍したという奇妙な名誉を与えられ、その恩義に対し幕府は中国人と並んで唯一の交易の承認を与えたのであった。スペイン人とポルトガル人は国外に追放された。

フランシスコ・ザビエルの過去の勇敢な布教活動を知っていても、これでは不名誉な結末だと人は思うかもしれない。実際、長い間そのように思われてきたのだった。どのくらいの時間がこの地上に流れたのであろうか。十九世紀の中頃、明治に入ってしばらくしてこの禁令が解かれた時、長崎の近郊にキリスト信徒達の集落が発見された。この集落は自分たちの信仰を二百年もの間、弾圧者たちから守ってきたのであった。宣教師もなく、彼らはキリストの教えを世代から世代へと語り継いできた。聖人ザビエルの足跡は消え去ることはなかった。一粒の生きた種が残った。そしていかなる権力もその種に危害を加えることは出来なかった。

　ザビエルは、彼の活動によって西洋と東洋の文化が最初に豊かに結びつけられたという栄誉を受けるべきである。天正遣欧《てんしょうけんおう》少年使節として、ヨーロッパに旅行した最初の日本人の中に、九州の大名がローマに送った四人の若い侍がいた。（注：伊東マンショ、千々石ミゲル、中浦ジュリアン、原マルチノをさす）彼らの手紙はバチカン図書館に保管されている。使節団は日本、ローマ間の往復にまるまる三年を要した。彼らはスペインを経由した。今日ではヨーロッパまでシベリア急行列車で十四日間であり、中国、インド、スエズ運河を経由していく船旅は三十日間である。

　ぼくはこれらのことをあれこれと鹿児島で思った。今日、最初に建てられた教会の場所に新しい教会が建っている。ただし、小ぶりである。入り口の上に、この教会は聖フランシスコ・ザビエルにより一五四九年に建てられた旨が日本語で書かれている。今からもう四百年も前のことである。

教会の内部は畳敷きである。長いすはない。信徒は床に直に日本流に坐るのである。母親たちは子供を背中に背負い、そして一緒にミサに参加する。入り口の所で下駄を脱ぎ、コートと傘を置く。美しい着物に身を包み、頭と肩を覆《おお》う短めのヴェールを被る女性はぼくらが知っている聖書に登場する女性に似ている。はたから見ても美しい、一幅の絵である。

かつて同じ場所にナバラ王国出身の男が立っていた。彼が蒔いた種はみごとに実を結んだのである。

捕捉：「WANIMARU」原文には戦国武将、キリシタン大名らの具体的な氏名は書かれていない。読者の便宜のために訳者が付記した。

第六章　琉球諸島の島民たち

日本本土と台湾との間の海洋はとても荒れることで知られる。運が良かったが、ぼくらは新たな台風が通り過ぎるのを待った。波は今や穏やかで、前方も凪《な》いでいる。軽やかな風が吹いて船は心地よく波を切って進む。この長い海域は数え切れない大小の島に連なっていて琉球諸島と呼ばれている。言葉で表現できない美しさである。ぼくはデッキの手摺りに手をおいて遠くを見た。次から次へと島が現れては消えていく。いろいろな伝説が胸《きょう》裏《り》に浮かぶ。琉球諸島はぼくらにとっては豊かなおとぎ話の宝庫である。その最も美しいおとぎ話の一つを話そう。

昔、浦島太郎という名の漁師がいた。いつも海の沿岸で漁をしていた。ある時、子どもたちが集まっているのを見つけた。子亀を捕まえて、遊んでいるのだった。子どもたちは楽しいのだが、亀は海に逃げようとしていた。子どもたちが面白がっているのを見て、浦島は亀を憐れみ、そばに駆け寄ると、駄賃《だちん》を渡して亀を引き取った。そして子どもたちの驚く様子を尻目に、亀を海に返してやった。あっという間に亀は波間に消えた。浦島は家路についた。数日後、漁をしようと船に乗って海へ出ると、突然大きな亀が漁師の方に向かって泳いできた。驚いてその方を見ると、亀は次のように言った。「浦島さん、この前は助けてくれてありがとう。お礼をしたいので、どうか背中に乗ってくれませんか。人がまだ見たことのない、海の底の竜宮城にお連れいたしましょう。」

竜宮城を一目だけでも見たかったので、彼はとても喜んだ。船から下り、持ち物を片付けてから亀の背に喜んで乗った。亀は海深くもぐって行き、やがて背中に浦島を乗っけたままとうとう竜宮の城に到着した。

竜宮城の女王は浦島の良い行いを聞いていたので、訪問をとても喜んだ。女王の名は乙姫と言った。よりすぐりの料理と飲み物を毎日提供し、竜宮の滞在が少しでも楽しく愉快に過ごせるように精一杯気を配った。乙姫は浦島が長く滞在してくれることを望んでいた。浦島も竜宮城がとても気に入って、自分の船があり、家には両親が自分のことを待っていることなど考えもしなかった。しまいにとうとう、自分の昔の生活を忘れてしまっていた。こうして乙姫と浦島は長く幸福な時間を過ごした。

ある時、浦島は故郷が恋しくなった。突然のことでその気持ちは強く、すぐにでも出発しようと決心した。そこで乙姫に言った。「あなたはこの竜宮でとても私を温かくもてなしてくれました。心から感謝しています。でも長く、そう、とても長い間とどまりました。

琉球ー浦島太郎の昔話

今は家に帰りたいのです。どうぞそうさせて下さいませんか。」乙姫は悲しそうに、言った。「あなたの願いに背いてまで、あなたをここに留め置くことはできません。でもあなたが行ってしまうことはとても心が痛みます。私のことを忘れないよう、この宝石箱をあげましょう。何が起ころうとも、決してふたを開けてはいけません。」

乙姫はキラキラと輝く箱を贈った。浦島は感動してお礼を述べ、その贈り物を受け取った。やがて亀がやって来て浦島が背中に乗っかると、深く広い海を泳いで海面まで運んで行った。自分の船はどこにも見当たらなかった。家に向かったが、驚いたことに家があった場所は空き地になっていた。また村も彼が出かけた頃とはすっかり変わっていた。見知らぬ人びとが不審な目をして彼を見つめた。誰一人知る人はいなかった。両親のことを尋ねたら、もうとっくに亡くなっていた。知り合いもすべて生きてはいなかった。

両親に再会するのをとても楽しみにしていたから、浦島はとても悲しくなった。もう一人ぼっちである。気持ちがとても落ち込み、乙姫が忠告したことも忘れて彼は宝石箱を開けてしまった。ふたを開けるや雲のような白い煙が立ち上り、浦島はたちどころに雪のような白髪の、とても年の老《ふ》けた老人に変わっていた。長い間竜宮城にいたせいだった。やがて浦島も亡くなった。

これが浦島太郎のおとぎ話である。ぼくは紺碧《こんぺき》で透き通った海を見つめながら竜宮城のことに思いを馳せた。太陽の光が屈折し、ぼくはそれが城の窓にほのかに反射しているのではないかと思った。城の広い塀も見えた。竜宮城はどこまでも深い海の底にあったが、ぼくは浦島太郎と同じように竜宮を自分の目で見たいという欲求を抱いた。でも大きな亀を待っていても、現れなかった。ぼくの冒険心からくる切なる願いは聞き入れられることなく、その思いは帆をぴんと張って進んでいく景色のなかに消えていくのであった。

初又船長はずっと前から島々を見つめていたが、今は少し大きな島に向かって進んでいた。ぼくらには島民達を訪ねたりする時間があった。船はほとんどこの海域では港に立ち寄ることはなかったので、島民にとっては来訪者などめったにあることではなかった。台風や、高波があったりした時は別である。今日、島々は穏やかで平和である。まさに天国を絵に描いたようである。ぼくはこのようなところが心底好きであった。

船長は鋭い目をして船の舵をとる、なぜならたくさんの珊瑚礁があり、海中にあったり、海上に出ていたりするのだ。海中に沈んでいるのは質《たち》が悪く、船を寄ってこさせてそして突然にドシンと音をさせて突き刺すのだ。ぼくらの命が珊瑚礁にかかっているので、用心して船を進めたのである。初又船長は優秀な船長であった。このように船を操舵することは、彼のような歴戦の勇士にとってもめったにない貴重な時間であった。

長い時を経て島全体がこのような珊瑚礁から成り立っていた。海草と土壌が表面に張り付き、島民でなくても満足の行く生活を送ることを可能にした。ぼくらは生長の遅い植物、少ない樹木、丘陵地の様子から島の起源を知ることができた。

ぼくらは村に行き、突然の訪問で村人を喜ばせようと考えた。彼らはほとんど完全にすべての文化から切り離されて孤立した生活を送っていた。島民達はとても満足し、ぼくらにもっとも有名な芸術を見せてくれた。

一つはいわゆる唐手（注：空手の古称、別称）であり、もう一つは伝統的な音楽と歌である。何人かの娘は三味線を持ってきて歌ってくれた。三味線はドイツのギターに似ているが棹《さお》が長く、胴は小振りである。胴は蛇の皮で張られていた。蛇がこの島に多く生息しているので、このような使い方ができるのであった。三味線には三本の強い弦が張られている。

歌は一風変わっていて、人をメランコリックにさせるものであったが、それはここの人

琉球（日本の南端）

びとの生活が外界から深く孤立したものであるからであった。ぼくが前に言ったように彼らは孤立して生き、気持ちを分かち合う相手がいなかった。週に一度か二度、郵便船がやって来るが、いつも決まって同じ人が乗っていて、彼らはほとんどこの感動的な歌唱に興味を示さないのである。ぼくには言葉は理解出来なかった。島民は方言を話したが、それは日本語と中国語との混ざり合ったものであった。そんなわけでぼくらは外国にいるような気持ちになり、不思議な音を耳に残し、その意味もわからずに考え込みながら船に戻ったのであった。

うっかりして唐手のことを話すのを忘れそうになった。唐手とは字義通り、中国、唐の手の意味である。でもそれだけでは何のことだか理解出来ないであろう。唐手は自分を守る、今までにない最も優れた武芸であった。

唐手の演舞が紹介された。シャツをまとっただけの若者がぼくらの前に立つ。手には二センチの厚さの板を持っている。彼は拳を握り、強烈な一撃を加えて板を真っ二つに割ってしまった。ぼくらはこの武技に目を見はった。この武芸は当地ではとても広まっていて、男も女も鍛錬《たんれん》している。昔、海賊がしばしば島を襲って来たとき、唐手は敵にも恐れられ

演奏する琉球の少女たち

た唯一の武器であった。拳による攻撃は人間の体のあらゆる骨を粉々に砕いたが、島民は必要最小限の時にしか使用することはなかった。世界的にも知られた日本の護身術の柔術と同じように、最近では唐手も日本で教えられている。柔術は中等学校においては必修科目であった。学校で脱臼したり、骨折したりする子どもは少なくなかったが、ここには骨《ほね》接《つ》ぎという腕のいい医者がいて、この柔術の練習の結果生じる怪我をすぐ直してしまうのだった。

ぼくらは船に戻った。唐手のことが忘れられなかった。これが必修科目となると、どうなるのか。まずぼくらはまねごとをやり始めた。高木というひょうきんで向こう見ずな仲間は、船のどこからか木の板を持ち出してきて、自分には唐手が出来るぞ、と言い放った。ズボンとシャツ姿の彼の周りに人は集まった。彼は拳を握り、木に一撃を加えた。痛い！、と彼は叫んだ。板きれは少しもひびが入らず、ただ高木の手がはね上がっただけであった。唐手のまねごとはこの夕べさらに続いたのであった。

第七章　海賊達の楽園

ぼくらの無線通信士は、台湾の北方にある基隆港《キールン》に間もなく到着する旨を伝えた。この通信文は現地で迅速に伝わっていたに違いなかった。というのもぼくらの船影が見える前から、受け入れ準備は万端整っているとの無線を受信したからである。

正午頃ぼくらは到着し、舷側《げんそく》を埠頭に付けた。停泊中の他の船の乗組員達は、心からぼくらに歓迎の挨拶をした。多くの人たちがハンカチを振り、何人かはぼくらを見物するために昼食を中座してナプキンを振る者もいた。きっと船乗りの子供たちであろう、船の丸窓から小さな手を振り、ぼくらの猫、マスコットに向かって叫び声をあげている。マスコットは船長の近くに坐り、ぼくらと同じくらいに目を見開いている。賢く、自分が置かれた状況を察知する能力があり、その状況に適応しようと努力するのである。時にはぼくら以上に落ち着いており、芝居でいうなら本来英雄役を演じるぼくらよりも堂々として、高い評判を得てしまうのである。

初又船長の命令で錨がガチャガチャと音をたてて下ろされた。舫綱《もやいづな》が陸地に投げられ、固定された。船が接岸するとぼくらは幾人かの乗員を残し、上下に揺れる狭い渡り板を英雄気取りで下船した。キールンの少年団支部の団員達が来ていて、三度ものバンザイで歓迎してくれた。地元の人びとに愛されている少年団を先頭に、ぼくらは街を行進し、何回も海洋遠航の歌を歌った。この歌はキールンの少年団も知っていた。

ぼくらの到着のうわさは実際にあちこちに広まっていた。品川港から出帆したことは新聞に載っていたし、読まれてもいたようである。ここ台湾の紙面では熱烈に歓迎の意向を伝えていて、航海の目的についても紹介していた。ぼくらにとってそれは都合のいいことだった。人びとは道端に押し寄せ、ぼくらに向かって大声で呼びかける。手元にあれば、日の丸が家々の窓から下げられていた。港に下りて行き、ぼくらが姿を見せるとどこであれ熱狂的歓迎がぼくらを包み込んだ。

和爾丸の姿を目にすると、行商人たちは屋台を立て、食欲をそそる美味しい熱帯の果物をぼくらの前に山積みにした。暑くてとかく評判は悪いが、ぼくらは興味の尽きない熱帯地域にいるのだった。ココナッツ、キールンスペシャル、アラスカアイスなどを売っていた。

夕暮れ時が迫り、商人達は色とりどりのカンテラを付けて商品を照らす。自分たちはその周りをホタルみたいに、忙しそうに飛びまわっている。神秘的な光の中で彼らは日中のように気取った態度で応対していた。

このもったいぶった行動はぼくらに対する敬愛の念から起こっているのだ。さらにわかったことだが、多くのまじめな市民達が、殺人的なその日の猛暑から元気を取り戻そうと海辺からきているのだ。熱帯地方の夜は、もっともな理由から日中の生活よりも重要である。日中は空気が乾燥し、極暑《ごくしょ》なので人びとは家の中でもっとも涼のとれる部屋を探し、多少でも我慢が出来る生活を送るのである。夕方と夜のひとときは岸辺で運動したり休んだりする。そこは新鮮で気持ちのよい風が吹いているのだった。本当なら現地の人たちはぼくらを休養させるべきだった。彼らはそうは考えず、四人の当直員に船のいろいろな所を見学させた。ぼくらにとってこれは予定していたことであった。夕方はそれでも美しく、ぼくらはキールンの少年団と気持ちのいい会話を楽しんだが、その中には好感の持てる優しい少年が何人かいた。夜中の二時頃、最後の訪問者が帰っていった。船の当直は孤独な仕事についた。そのことを少し話しておこう。昼も夜も、海原《うなばら》にいるときや停泊中の時も四人の少年団員が見張りに立っている。この習慣は戯《たわむ》れで始めたことではなく、船をしっかり見張るという本来の目的以外に、規律と細心さを養うという教育の目標があった。ところで、一見容易に見えるこの業務をこなすことは楽ではなかった。睡魔が襲い、体全体が心地よい休息を欲する夜などは特にそうである。見張りは一人で船首に立つ。頭上にはばたばたと帆や帆桁《ほげた》の音がする。そのきしむ音やうめくような音は宇宙からやって来ているようだ。その宇宙はベテランの船乗りたちが信じるところによれば、あらゆる種類の霊と妖精、船の精に溢れているそうだ。いつも後ろに立っているようなのだが、実際は立ってはいないのだそうだ。この精はおどけたり、悲しんだり、わめいたり、泣いたり、ささやいたり、話しかけたりして、なにかうす気味悪いのだ。

月とたくさんの星が見通しの悪い上げ潮の海上を照らしている。その海を何時間か謎めいた光が走った。先ほど述べた幽霊の通る道か、それともありうることだが、熱帯の魚たちが呼び起こした現象である。残念だが、ぼくはこれらの興味のある事実をもっと詳しく、君たちの前で述べられるほど知っていないのだ。

しかし夜の美しさは格別であった。いつも死ぬほど疲れていたわけではなかったので、たった一人で何とも言えぬ静寂や秘密であふれた夜を味わった。波が船縁《ふなべり》に当たってピシャピシャと軽く音をたてる。何とも悲しいものだ。宇宙のことを考えて見る。日中は騒々しさとおしゃべり、雑多であわただしい仕事のせいで滅多にそんなことは感ずることはないのだが、宇宙は闇に紛れて声が聞こえる所まで来ているように思う。そう、まさにそのただなかにいるような気がするのだ。

ロマンチックなこの晩も、余りロマンチックとはいえない荒々しく恐ろしい暗闇によってかき消された。暗闇の中では自分の声も聞こえず、嵐は体から服をほとんど引きはがさんばかりである。その様子は海上の生活が活写され、何度も読まれているすぐれた小説に描《えが》かれている通りである。そのような小説はこれからも書かれることであろう。今は同じことをくり返し言う必要はないであろうが、このような夜には、見張り番が当直の航海士と一緒にしているような、いろいろな助けが必要である。船は生き物と同じなのだ。いつも最大の注意と愛情をかけてあげなければいけない。そうすれば、船は機嫌良く、しばしば持つ力以上に義務を果たそうとするのだ。

台湾での最初の夜は終わろうとしていた。ぼくらが五時頃上陸し、街から何人かの地元少年団が待っている場所に来た頃、キールンの港街はまだ深い眠りの中にあった。彼らは台湾の首都である台北《タイペイ》まで同行したがった。この街には日本の親王である北白川宮（注：北白川宮能久《よしひさ》親王のこと、孝明天皇の義弟、明治天皇の義理の叔父にあたる）の霊を祀る有名な台湾神社がある。ぼくらはそこに参拝に行こうと考えている。

一時間余り、ぼくらは豪華というより一風変わった鉄道で出かけた。電車はとても楽しかった。この島はポルトガル人が発見して以来、フォーモサ（台湾）と呼んでいる。美しい島の意であるが、的を射た表現である。この美しい、眺めるたびに変化する風景を描くことは全く不可能なことである。

ぼくらは夏のまっただ中にいる。ぼくらが祖国の商店でたまにしか見ない果実も、ここでは木々、低木に一杯たわわに実り、まさに果実の宝庫の島である。男性的な急峻な山塊で覆われ、谷間が多く、所によっては人目につかない峡谷となっている。同行したおしゃべり好きな人の話によれば、峡谷には首狩り族が住んでいて、警官も警戒しているとのことである。この部族の活動がしっかり政府に管理されているのか、あるいは禁止されているのか、ぼくらにははっきり分からなかった。ぼくらは実直な警察官の言を信じて後者を取りたい。実際にその通りだからである。これらの峡谷はぼくらの関心を大いに引いた。

それから分かったことだが、台湾ではスポーツがとても盛んである。熱帯地帯はスポーツをするにはふさわしくないと考えている人がいる。たしかにそのような面もあるが、ぼくらは道すがら、競技用の立派な施設のいくつかを見つけた。少年団の一人、高木だったら喜んでそこで下りて、現地の若者と試合を交えたことだろう。しかし彼の計画はぼくらの指導者達には余り関心を持ってもらえなかった。

間もなく到着するが、北白川宮を祀る台湾神社はこの地の波乱に富んだ、ドラマチックな歴史を思い起こさせる。台湾はついにこの親王によって征服された。彼は勇敢で大胆な作戦行動をとり、また戦後の再建も尽力したが、熱帯病に冒されて亡くなった。特に彼は首狩り族と呼ばれた部族を撃退した。彼らは日本人の入植者の首を刎《は》ね、その首を神の祭事に使うという奇妙な慣習を持っていた。この慣習はたとえ信仰に基づき、まじめな意図があるにせよ中止させねばならなかった。親王がそれを実行したのである。

台湾は日本人にとり沢山の思い出がある。この島の存在が知られるようになると、日本の南の島々の住民達は普通の船やジャンク船に乗り、この長い弓形に連なる最後の島を、太古の時代には連なって海に沈んでいた島を探検するようになった。

この島の生い立ちについては巨大な龍たちの伝説がある。その龍はウーフームンという洞窟に住んでいた。ある天気の良い日、龍は岩の巣穴を出て、海に潜っていった。海の中はとても気持ち良かった。はしゃぎ過ぎた巨大な龍は海底の中に潜り、浮かび上がるときに土を空高く持ち上げた。背中の逞《たくま》しいギザギザ部分は台湾の独特な急峻な山頂を形成した。そして海辺をその力強い尻尾の力でムチのように叩き、断崖をつくった。その跡は今日でも島の南側に見ることができる。ぼくの知る限り、地球上で最も高い断層海岸である。いずれにせよ、それはそのようによばれているのだ。

他の伝説もこれと同じくらいに怪奇なものである。原住民は太古の昔にここに生活していた。おそらくロンキウス族の祖先である。彼らは北東の大陸から渡来して来た。中国人が来たのは少し後になってからである。新参の住民として、彼らはしばしば政権交替劇の激しい歴史に割り込んできた。三番目にやって来たのが南方からやって来た、戦闘能力のすぐれたマレー人であった。抜け目がなく、勇敢な海賊でもあった彼らはやがて台湾やすべての北の島々に大きな役割を演ずることになった。彼らはぼくらの先祖に属している。ぼくらの国の地域住民と交わることで、マレー人は現在の日本民族の形成に寄与してきたのだ。台湾で、マレー人はためらうことなくロンキウス族を征服した。追われた彼らは未踏の奥地に移動した。

中国人は先住民と商取引を行ったが、数年後にまた戻ってきた。驚いたことに中国人は全く見たこともない人びとに出会った。彼らとは言葉が通じなかった。中国船は退却し、それからマレー人の通訳を見つけ出し、彼と一緒に再び台湾に向かった。通訳は中国人の要求、すなわち自ら進んで中国の皇帝に服従し、皇帝を天の子と仰いで朝貢《ちょうこう》することを伝えた。マレー人は断り、ここに戦闘が始まった。マレー人は負けたが完全に滅ぼされたわけでなく、まして征服されたわけではなかった。

中国人も島を去り、島の運命には長い間かかわりを持つことはなかった。中国商人だけが商売を続けたのであった。一度、原住民は攻勢に転じ、中国の海岸に沿って略奪をしたことがあった。彼らは奇妙なことに鉄に対して特別な愛着を持っていた。槍を投擲《とうてき》した後もひもを引っ張って手元に戻し、そうすることでこの国の財産でもある高価な鉄がなくならないようにすませたのである。中国人はこの神経質な子供じみた行為にかまっておられず、竹船に乗り、鉄に惚れ込んだ原住民を追い払ったのである。彼らは二度と戻ってくることはなかった。

ここで中国人は再び登場する。彼らの探検隊の活動は本質的には変化はなかった。この時代、一つのエピソードが残っている。中国と台湾との間にペスカドレス諸島（注：澎湖《ほうこ》諸島のこと、九〇の島々からなる。ポンフー列島とも）がある。そこにはリンタカインという名の恐ろしい海賊が悪行を重ねていた。海賊の船には少なからず日本の帆船も混じっていた。ある時、海賊は偶然にも中国の武装船と鉢合わせになった。海賊達は船団の方向を転じ、意を決して攻撃を開始した。彼は臆病者ではなく、敵船団に立ち向かったのである。中国の艦隊司令長官は幸運にも方針を過《あやま》たず、また戦力に勝っていたので海賊を執拗に攻めたてた。五時間にも及ぶ、犠牲者も多く出た戦いの後に海賊は突然帆を張り、島の巣窟《そうくつ》に戻ろうとした。きっと増援部隊を求めるためであろう。司令長官も同様に賢明だったので、敵船の行動を前もって想定していた。かれは何艘かの船を使って、航路の道をふさぐようにした。日暮れとなり、海賊は自分たちの砦に戻ったが航路をふさがれたことを知ってとても動揺した。古参の海キツネを自負する海賊は罠にはまることなく、台湾に向かって船の舵を切った。そこにはかなり以前に防御に強い港を手に入れていたのである。状況を知らぬ中国人は、島の砦やそこの住民に対して徹底的な破壊、殺戮《さつりく》をして満足したのであった。

海賊はもちろん怒り狂った。台湾で彼の軍隊に降参する敵は、すぐさま打ち殺した。犠牲者の血で自分の船を赤く塗った。彼は中国南方の海岸に向かい、そこで悲惨な死を迎えた。その最期は、彼らしいものであった。

さてぼくらは誰がどうのと、裁くようなことはしたくない。実際に起こったことの説明を続けたいのである。以前にすでに話したことだが、日本の船乗りたちはここ周辺の海域を航海していたのだ。日本では内乱や領主同士の争いがあって、多くの日本人同胞が国外に新たな生活の活路を求めていた。彼らは商取引をし、うまくいかなければ略奪も行った。特に戦いの神〝八幡神〟の幟《のぼり》を掲げて海上を行く海賊は、広範な地域に恐怖を引き起こした。（注：倭寇のことと思われる）

長年、海賊は掣肘《せいちゅう》されることもなく、中国人が彼らの執拗な行為にほとほと嫌気がさしてついに海賊を駆逐するまで、彼らは中国の海岸で悪事を働いたのであった。

したたかな海の盗賊達は、靴職人が自分の仕事をやるような感じで海賊行為をやり続けた。世界は本当に広く、特にシャム王国（注：現在のタイ）はかれらの不法な活動に対して魅力ある、距離的にも都合の良い活動の場を提供した。台湾も特別な根拠地となり、今回和爾丸の寄港地となった基隆《キールン》も彼らにとって本拠地となったのである。略奪品のすべてはこの倉庫に集められ、海賊船らしからぬ装いをした別の船によって日本本土で売りさばかれたのである。この儲かるやり方は後に広く行われるようになり、東部に住む人びとの間だけでなく、キリスト教国であるポルトガルやオランダそしてスペインの商人たちの間で、独特で他の手本となるような形で広まっていった。台湾は非常に繁栄し、最盛期を迎えた。その名は極東において特別な意味合いを持った。中国皇帝は日本の当局に中国人に対する海賊行為を中止するよう要求した。首を切るぞという脅しもニヤニヤした日本人には効果がなかった。台湾はさらに栄えた。一方で実直な商人もいて、時の流れと共に野蛮な略奪、海賊行為に代わって通常の商取引を行うようになった。かたやヨーロッパの商船及び武装艦は、上陸可能な島を見つけては自国や王の旗を掲げてその国を併合していった。日本の天皇はこのような奇異な振る舞いを耳にし、不安になった。多くの調査隊が台湾に送られたが、その任務は日本の現地支配を確実にするためであった。それは残念ながらすべてが思い通りとはならなかった。日本が鎖国をして世界との交易を完全に断った時、その努力は徒労となった。

日本の入植者は台湾で中国人とうち解け合って生活した。海賊たちは現地では合法的な人たちであり、平安と秩序、そして自分たちの権力を維持したのである。

ヨーロッパの支配の時代がやって来た。まずポルトガル人がやって来て島に名前を付けた。そしてスペイン人が後に続いた。しかし当初は両国とも現地にあまり関心を示さなかった。彼らはさらに移動した。ある時、台風のせいでオランダ人の司令官コルネリウス・ハウトマンを乗せた船がペスカドレス島に漂着した。彼はためらいもせずに国旗を掲げた。そして同じようなことを短期間に台湾でも行ったのである。台湾は最も初期のオランダ植民地となった。しかしぼくはオランダ人の活動については詳しくは知らない。

島の略奪に関してある小さな出来事が後世に伝えられている。ある一艘のオランダ船が難破し、船長と乗組員は浜から脱出した。船長は日本人にわずかばかりの土地を望んだ。ぼくにしてみれば一頭の牛の皮膚で覆うことができるほどの狭い土地だった。要求が余りに慎ましいのに日本人は驚きあきれ、ためらわずに応諾した。オランダ人は抜け目ないばかりでなく、絶妙なユーモアを有していた。彼らは直ちに牛の皮膚をとても薄く細長く切り、移民たちが住むスペースの見当を付けて、その境界を杭で定めたのである。日本人はとても驚いて言葉も失ったが満足したのである。

台湾はオランダ人にとって期待した以上に都合良く発展した。邪魔されることもなく、彼らは中国や日本と貿易を行った。また見上げたこととは言えないが、マニラと中国間のポルトガル船貿易をいつでも阻止でき、そしていざとなれば戦闘行動によって破壊することもできるようになったのである。スペインとポルトガルに対して、オランダ人は以前からずっと敵意を抱いてきた。そして機会をとらえては損害を与えてきたのだ。こうした状況はぼくらが見聞してきたように、日本の初期のキリスト教会にとって、都合の良い結果を生んだことにつながった。

日本人とオランダ人との間で衝突もあった。約束に違えて税金や使用料の値上げをしたのである。日本人側は反発し、もし土壇場で協定が締結されなかったなら非常な険悪な雰囲気になった。しかし不満の種がこれで解消されたわけではなかった。日本の現地商人たちは徐々にこの島から撤収した。

中国人も同様に蜂起《ほうき》した。日本の商人と比べて運に恵まれることがなく、大勢の人が残酷にも殺された。特徴的なことだが、キリスト教に改宗した二〇〇〇人あまりの現地人の助力があって、オランダは巧みに自分の計画を実行に移すことができたのであった。

ヨーロッパ諸国間の兄弟げんかのような対立は、まもなくこの島でも起こった。それはスペイン人が北部海岸を占領し、砦を築き、オランダ人の交易活動を切り崩した時から始まった。この無思慮な行動をとったことで、スペイン人はオランダ人によってふたたび国外に追放されたのであった。

しかしそのオランダ人が活躍できた時代もいつまでも続いたわけではなかった。中国（明王朝）は常にタタール人の侵入の脅威にさらされていて、十七世紀中頃には内乱が勃発して明は滅んだ。代わって清王朝が成立したが避難民は周辺地域の島々をさ迷った。これらの人々の中に、身分が高く、明王朝復興を夢みる鄭成功《ていせいこう》がいた。彼は自分の人生の残りを清への復讐に捧げることを誓った。そして幾つもの戦闘で彼らを打ち破った。大胆で危険な戦いは彼の名前を一躍有名にした。彼も台湾に上陸し、順調に発展していたオランダ人の活躍に終止符をうったのであった。

台湾はこうして鄭成功の王国となった。彼の息子、鄭経《ていけい》は父の死後政権を踏襲《とうしゅう》したが、長くは続かなかった。再び清国軍が現れ、強固な中国を再建するために、そら恐ろしいまでの大虐殺の末に島を征服した。この数十年のあいだ、人民の蜂起や社会不安、革命の起こらない時などはほとんどなかった。歴史の中で台湾の海岸地方であらゆる種類、そして原因の異なる私闘を目にすることができたが、それを数え上げることは不可能である。まだ百年も過ぎていないが、二七三人ものイギリス国籍を持つ者が虐待を受け、殺害されたことを伝えた情報に世界は驚いたのである。

ドイツ人も生命が危険にさらされたことがあった。プロイセン（注：ドイツ北部の領邦国家）の東アジア遠征隊の運搬船エルベ号は台湾寄港中に突然村人に襲われた。住民達は通常はそのような攻撃はしなかったのだが、司令官は歓迎の際に攻撃をしかけた村の破壊を決心した。この現地人は当初抵抗したが、プロイセンの新しいドライゼ銃（注：撃針銃とも、十九世紀に使用された歩兵銃）の一斉射撃を浴びて敗走したのであった。極東におけるプロイセン軍の戦闘行動は、この銃器の戦闘に適った活用によって世に知られるようになった。

一八九四年、日本と中国との間に日清戦争が始まり、約半年後に日本軍の勝利で終わった。台湾とペスカドレス諸島は日本に帰属した。島の占領はそこに独自の歴史を刻むことになった。次々に島の各地区が攻撃を受け、征服されていった。ドイツの軍艦はこの時期、自国民を守った。日本軍は皇太子を最高司令官とする親衛連隊の指揮官、北白川宮の下にあり、激しい戦いを経験しなければならなかった。というのも、中国の指揮官は降伏を考えておらず、独立した共和国の樹立を叫んでいたからである。すべての戦場で北白川宮は兵隊と共にあり、指揮し、彼らと辛苦を分かち合った。そのような中で宮の健康は損なわれてマラリアにかかり、治療のかいなく亡くなった。彼の名前はどの時代にあっても台湾の征服と結びついている。遺体の日本への移送の時期は、台湾などの割譲《かつじょう》を決めた下関条約と重なったが、特筆すべきことであった。

彼を祀っている台湾神社で、ぼくはいろいろなことを考えた。ところで北白川宮は二十五歳の時にヨーロッパに渡り、七年間学んでいる。その間、かなり長い期間をドイツで過ごし、そこでは軍事教育も学んだ。おかげで親王はドイツ語を流暢《りゅうちょう》に話した。

さて送迎式の後、ぼくらはキールン港に戻り出航の準備にかかった。キールンの少年団は何艘かの船を調達し、ぼくらを港の出口まで見送った。そこには気象観測所が立っていた。塔の窓から誰かがハンカチを振っていた。その別れの挨拶をぼくらは港外ずっと遠くに行くまで見つめていた。

島の南方、高雄に船は進んだ。今では澎湖《ほうこ》諸島、つまり『遠い魔法の島』という意味のペスカドレス諸島の付近を通過した。周辺の島がほとんどそうであるように、この諸島も珊瑚の岩礁でできていた。この海域でしばしば起こる暴風に見舞われると、漁師や日本の船団にとって、格好の自然の避難場所を意味した。というのも、この諸島は台湾と中国とのちょうど中間に位置していたからである。土地は平坦で、樹木が乏しいように見えた。近くまで来て分かったことだが、実際に一本の木も島に生えていなかった。太陽の容赦のない光を遮《さえぎ》るものもなく、ただ晒《さら》されているのだった。島に水が乏しいのは驚くことではなかった。でもそれでいて、人が住んでいるのである。

何か同情する気持ちで遠く島を見て、生涯ここで生き、一本の木や灌木すら見ることなく人生を終えていく人たちのことを思った。

ありがたいものだなと高雄《たかお》辺りを見つめた。海辺には言いようのない熱帯の植物が生い茂っていた。そしてこの豊かな地域を湿らし、実をたわわに実らせる雨をぼくらは愛でた。ここはいつも春か夏かである。パイナップル、サツマイモの一種であるバタータ、マンゴー、レモン、オレンジ、バナナが自分の手の届くところにあった。狭く、水が乏しくそして木々のない島、それに比してここ高雄ではすべての生命と成長において実り豊かな、肥沃な土地が約束されている。何と違うことか。ぼくらは日本帝国の最南部に寄港した。次に寄港するところはもう外国である。ぼくにはやることが沢山あった。中でも故郷に最後の手紙を送り、今までの旅の幸運な様子を伝えたのである。マニラやサイゴンには電報を打って、ぼくらが間もなく到着する旨を知らせた。高雄にいる同郷人は訪問を喜んでくれた。ぼくらは彼らの子供たちに、この目的のために持ってきたスライドを学校で見せてあげた。

台風のせいで意図に反してここに停泊を余儀なくされた。今度も台風情報がタイミングよくぼくらに届いたのだった。鹿児島を出航してようやく九日目の朝に、ぼくらは帆を張って南に向かった。真夜中にナンシャ岬の灯台の光を認めた。ぼくらのように他国に向かう者にとっては最後の光明であり、日本の最後の灯りでもあった。でも祖国に帰郷する者に取っては、それは最初の歓迎の挨拶である。ぼくらはずっと遠くの、真っ暗闇の夜を見つめたが、この光明は別な世界からの印のように見えるのだった。

ぼくらは気持ちが沈み、悲しくなった。特に若い者たちはなおさらであった。たった一

台湾の高雄

人で、孤独で終わりのない、ますます故郷から離れた暗い海の中に入って行くのだ。両親のことすらここ数日間の思いがけない出来事の印象が強すぎて、はっきりとは思い出せなかった。

この燈台の光をいつまた見ることであろうか。死が異国の地でぼくらを待っている。ぼくらは帆を張って、いくたびもの危険に突き進んでいくことだろう。

沼田という、一番若い団員、ようやっと十三歳の少年はホームシックにかかってよく眠れなかった。暗闇でも目がさめて猫のマスコットをなでている。猫もぼくらの塞《ふさ》いだ気持ちを理解しているかのように心配そうな顔つきをしている。

光は間もなく消えた。ぼくらはその瞬間に考えが前向きになった。朝が明けたとき、フィリピンやマニラ市に数日間の航海で着くことを希望して喜んだのである。

第八章　我に触れるなかれ

ぼくらはこの航海を、〝太平洋のアジアの島々をめぐる巡礼〟と名付けることができよう。マニラに向かう途中、一般の地図では表示されない沢山の小さな島々の近くを通過した。台湾とマニラとは最短でおよそ一〇〇〇キロの距離である。学校で使う地図帳ではほんのわずかな距離でしかない。ここの島々ときたら小さすぎて話にもならなかった。今回の航海でそのそばを通過するのでなかったなら、変化に富んだ島々の様子やその存在すら予想もしなかったであろう。初又船長はすばらしい航路を選択したのであった。

島々の孤立した様子は想像の域を越えていた。表現しようがないのである。深い海底から力を蓄えた大波がとぎれることなく岩の海岸に突進する。もう何年もの間、家の高さの波浪が岩礁や、大岩が突出しところにこれでもかとばかりに襲いかかる。悪魔が怒ったように岩に食い入り、それを内部から粉々に打ち砕く。どの岩のとんがり部分も一分おきに洗われ、また攻撃されるのである。これ以上ぞっとするような、自然が破壊を楽しむ光景をぼくは考えられない。それは太古の世界の美しさであり、壮大さでもあった。砕け散る波の鈍い音が島から島へと響き渡る。それは戦場から次の戦場へと向かうかのようだ。

ある学者がいて、こんなことを言っていた。古代、アジアの海岸線はずっと遠くまで、今の太平洋に突き出ていて、そこでは陸地は今でも荒々しく、満潮の時に突出しているのだと。食欲旺盛な海は何千年もの戦いの間、この陸地をがつがつ食べて破壊を欲しいままにしたのだ。この考えは真実かどうかわからない。でも海の恐ろしいまでの欲望の力を自分の目で見、身震いをしながら聞いていると、この考えに合点も行くし、納得して受け入れることができるのである。ぼくらはそれでもこの地域ではましな良い天候に恵まれた。この海域を通過する船乗り達は、この小群島を疑心の目で見つめる。ああ、もし台風が船を直撃し、まるで板切れのように、刃のように鋭い岩に叩きつけたなら。ここは注意書きもなく、地名も生物らしきものもない恐ろしい墓場である。ここでは風と海とがどちらが強いか争っている。フィリピンも多くの島から成り立っているが、その中でルソン島は最大である。ぼくらはある朝、黒くびっしりと大きな樹木で覆われた丘陵からなるその島を目の前にした。

明け方四時早々にフィリピンの首都であるマニラ港に錨を下ろした。ぼくらにとって最初の外国の港であった。間もなく、ダッダッダッというボートのエンジン音を聞いた。小艇が向かってきた。ぼくらの到着は港湾警察に連絡済みであった。上陸が許される前に警察は入港するどの船も検査するのである。ぼくらは朝食を早めにとり、船室を片付けておいた。猫のマスコットも入念に毛づくろいを済ませていた。これから起ることを、ぼくらは気持ちを落ち着かせて、興味津々となって迎えたのである。

モーターボートが横付けになった。アメリカの制服を着た四人の係官が甲板に上がってきた。初又船長と団長は快く相手と挨拶を交わした。通訳のぼくも紹介され、前もって定められていた諸手続を済ませた。当時、フィリピンはまだアメリカの施政権下にあった。独立した今では係官はおそらく新しい制服を着用していると思う。船舶書類、同様に旅券もきちんとしていた。ぼくらは次に衛生局の検疫官の到着を待たなければならなかった。小艇はまたダッダッダッダッという音をたてて去っていった。

続いて検疫官が来た。仕事は迅速で簡単というわけにはいかなかった。甲板で大まかな一般的な聞き取り調査があった。航海中に損傷があったかどうかなど、船舶の状態は精確に伝えなければならなかった。

乗組員は一人一人調べられ、質問を受けた。一緒に連れ込んだ動物についても質問された。猫のマスコットはそばにいて聞いていたに違いない。当然飛び上がってぼくらの間に隠れてしまった。係官は笑った。猫の健康状態については疑いようがなかった。マスコットは自分の役割を立派にやり遂げたのだ。猫の健康についてもしっかり書面に記録された。これらの検査は理由あってのことだった。恐ろしい病が常に問題とされるこの熱帯の地域において、病気の伝染は発生するとたちまち広まり、予期しがたい結果を招くからである。当局の厳しい検疫体制により、かつて島で猛威をふるった怖い伝染病は徹底的に抑えこまれたのである。

突然、係官はネズミが何匹いるか質問してきたので、ぼくらはあっけにとられた。もちろん、船内に何匹かはいる。どんな船だって一匹もいないなんてことはあり得ない。しかしぼくらは今までに数えたこともないし、記録に残したこともない。ばつが悪かった。初又船長は適当な数を言ったが、的を射た答えだったのだろう、係官はその即答に非常に喜んだ。誰でも知っているように、ネズミは病原菌を運ぶもっとも恐ろしい動物である。それは非衛生的な習性と関係がある。しかしここで詳しくいちいち述べることは場違いだと思うし、また専門的な長話も避けたいと思う。ネズミはいざ船が沈没、という時に消えていなくなる。ネズミは船と一蓮托生《いちれんたくしょう》を誓った住人だが、嫌われ者である。嫌われ者であることは強調しなくてはいけない。係官はネズミがぼくらの食糧貯蔵庫に侵入したか、食品に害を与えたか知りたかった。ぼくらは太った料理人の方を見た。彼は怒って顔を赤くし、感情を害されたように、貯蔵庫に入るのはいつも自分一人だけだと言葉をつかえながら言った。また床にネズミを見たことなどないとも言った。この答えに検査官は満足し、書類に書きとめられた。最後に彼らは船内に下りていき、ランタンを照らし、詳しく記されていないいろいろな生き物の調査を始めた。どの船室、どの物置、どんな隅っこも、そして穴の空いたところや引き出しまでも検査した。何も特記すべき物は見つからなかった。調査の結果はとても満足のいくものであった。笑みをたたえて彼らはぼくらの上陸を許可し、船から去って行った。またモーターボートのエンジン音が響いた。マスコットは大きくミャオーとないて、見ず知らずの男達のこと細かな調査に対する不信感をあらわにした。マスコットはぼくらの奥底の気持ちを代弁してくれる言語器官を持っていて、ぼくらはまた感服させられたのである。ぼくらがもし勲章をいただくことになったら、この猫のマスコットこそもらうことになったであろう。

検査のおかげでぼくらはずいぶんと足を引き留められた。夕食を腹一杯食べたが、間もなく夕闇が迫ってきた。これから上陸しても意味がなかった。黄昏時《たそがれどき》の海、そしてアラヤット山の頂きに太陽がかかる。それはやがて優美に、荘重に黒ずんだ山の背にゆっくりと移動していった。太陽の光は深い藍色から次第に黒に変わり、灰色の雲と対峙している。雲は水平線のあたりに横たわり、夜の到来を待っていた。最初の光が岸辺に灯った、そして間もなく広い湾にキラキラと輝く光の輪が揺れ動いた。マニラだった。その名の響きにぼくらはいつも耳をそばだてていた。光はぼくらの故郷のことを思い起こさせた。四日前、日本の最南の地であるナンシャ岬のきらきらと輝く灯台を通り過ぎた。四日間というもの昼も夜も海と空しか見なかった。マニラの赤々と輝くカンテラは、力強くぼくらを陸地に引きつける。朝まで辛抱しなければと思い、編んだ長いすを持ち出してしばらくじっと眺めていた。涼しい夜風が気持ちよかった。ぼくらは故郷の民謡を、そっと、愛しさをこめて歌った。このような時間を過ごせてよかったと思う。とうとうぼくらは甲板で寝てしまい、湾の東半分の後ろに太陽が昇り始めてようやっと起きたのであった。すばらしい景色だった。前方の山脈は活火山から成っているが、太陽は赤い火の玉のように後ろに控えている。長くたなびく噴煙はちょうど太陽の光を遮《さえぎ》っている。まれにしか見ることのできない不思議な光景である。ぼくは神聖な山、富士に思いを馳《は》せた。ここの活火山にとても似ているからである。火口は血に染まった空を背景に、巨大な牙を引き抜かれたように連なってそびえ立っている。

朝食をとろうと思っていた矢先に、一艘のモーターボートがこちらに向かってくる音を聞いた。マニラの少年団の団長が乗っていた。ぼくらの上陸を案内するためであった。一人の現地の日本人が大きな船を用意してくれたので、おかげでぼくらは一度に全員が陸地に向かうことができた。和爾丸に積んでいた小型ボートであったらこうはいかなかったであろう。団長は街を案内した。広々とした家々が目についた。日本と同じように一階建てが多いが、日本やドイツとは様式が全く違っていた。壁はほとんどはがれ落ちていた。屋根とそこからはカーテンらしきものが下がっていた。風の吹き寄せる側には、いつでも好きな時に取り外しができるような高い板が取り付けられている。戸口とか部屋とかいうものはない。いちいち頑張ってドアを閉めるという習慣がないなら、多くの若者にとって戸口が無いことはとても都合の良いことなのかもしれない。戸口がないことなど、マニラの若者にとって問題にはならないのである。

一般的に言えると思うが、ぼくは熱帯地方において家というのは、北国と比べて小さな意味しか持たないと思うのだ。ドイツにおいては、それが無くても済むように技術的に解決されるまでは〝かまど〟が家の中心であった。かまどは聖なる場所であり、その周りに家族が集うのである。でもぼくの祖国、日本ではそのような意味のかまどはないし、火を炊きあげる暖炉の場所もない。ぼくらは灰が一杯つまった焼き物のつぼを使う。その中で炭の火を起こして使うのである。この火のつぼのことを火鉢という。火鉢は部屋から部屋へと運ぶことができる。でも食事は今では一般的にはガスで調理されている。

熱帯地方では庭が重要である。マニラではほとんどの家が美しく広い庭を持っている。庭と家との間には区別がない。雨期を除けば、人はどちらの場所でも生活する。庭は大きな部屋であるし、家の中に入っても花や植物が所狭しと置かれている。庭や家の中心を占めるのはいつも自然である。一方でヨーロッパの建築において、自然はたいてい家から閉め出されている。最近、やっと両者の間に美しい橋渡しが始まろうとしている。住宅不足などというものはマニラにはないが、それは家が無くてもどうにかなるからである。

ぼくらはしゃれたアメリカ製のバスに乗り、郊外のウェルフェア・ヴィルに向かった。

ここにはハンセン病を患った子供たちのサナトリウムが何棟か建っていた。ハンセン病は不治の病であり、罹患した子供たちは気の毒である。彼らを訪問することがぼくらの目的であった。子どもたちがぼくらを見るのは初めてであろうし、きっと喜ぶと思う。

病院の庭には、マニラやその周辺から数百人の少年団が集まって待ちかまえていた。熱狂的、底抜けの陽気さでぼくらを出迎え、団員の一人一人を独り占めにしようとした。一人に対して五人から十人ほどの地元民が取り巻いた。団員は質問攻めにあったが、そのうちのわずかしか答えることができなかった。お茶とケーキ、それにお菓子が盛りだくさんのすばらしいガーデンパーティとなった。病棟で働く若い女の子たちはささやかなコンサートを催してぼくらを驚かせた。ぼくらの歓迎のために練習したものだった。外国少年の訪問は彼女たちにとってはまたとない経験であったので、心からこの機会を楽しもうと努力したのである。ぼくらが聞いていても、彼女らの演奏は見事であった。とても楽しかった。お別れの時が来たとき、みんなとてもさみしがった。ぼくらもそうである。できるものなら夜まで残っていたと思う。別れるとき、彼女達は白いハンカチをずっと振っていた。

翌日は自由時間であった。ぼくは城壁に囲まれた街、いわゆる壁の内側という意味のイントラムロス地区を訪ねた。多くのことを聞いて知っていた。イントラムロスという呼び名は、スペイン語が起源であることを示している。数百年もの間、フィリピンはスペインの支配下にあった。この期間、地元の文化に多大な影響を与えた。英語が世界の言語として学ばれ、使用されていても、現地の人にとっては英語よりもスペイン語の方がよく通じた。パシッグ川は街を分断して海にそそいでいる。旧地区は南側にある。その城壁は船からも目にすることができた。カトリック教会の数々、諸施設、修道院や学校なども見えた。聖アウグスチノ修道会やフランシスコ修道会では、日本のキリスト教徒迫害の時代からの絵画やフレスコ画を見つけ、とても興味を抱いた。〝涙の聖フランツ〟は中国人の海賊達が強力な船団を率いて攻撃を仕掛けたとき、フィリピン人を守るため、剣を片手に戦ったとする言い伝えがある。〝涙の聖フランツ〟はマニラの〝天使の守護神〟として崇拝されている。

旧地区の壁の保存状態は余り良くなく、崩壊しそうな所もそのままである。この貴重な財産を守るべきである。建築史から見ると、マレー建築様式に始まり、現代のアメリカ建築様式まであらゆる様式が見られる。東京のように突然外国語の表札が立ち、それが耳の専門医という意味を示すドイツ語表記の看板を見つけるようなものである。いろいろな人間が集まってくるのだ。

ぼくは海岸に出てみた。ルネタ公園では一人の男の記念碑が建っていた。東アジア全域で成功を収めた、フィリピン人の国民的英雄ホセ・リザルの記念碑である。インドにとってガンジーが何を意味するか、それはリザルがこの国にとって意味するものと同じである。彼は一冊の本で有名になったが、その題名は〝我に触れるなかれ〟である。彼はヨーロッパに滞在している時に、ブリュッセルでこの本を書いた。ドイツ語の題は〝Rühr mich nicht an!〟であるが、これはこの著作の文中にあることばである。この作品の中で彼はこの島のスペイン人支配者を非難し、行政の不正を大胆に暴いた。リザルはマドリッド、ベルリン、そしてウイーンで学び、フィリピンに戻った時は有名人になっていた。圧制下に苦しむ人びとはリザルや彼の著作を知っていた。当局者達は恐れ、彼を憎んだ。彼の帰国、滞在は阻まれたので彼はヨーロッパに戻り、ロンドンで二冊目の、これも著名な〝貪欲の統治〟を書き上げた。彼は望郷の念が強くてヨーロッパにとどまることができず、香港に向かい、その地で医者としての生活を始めた。

後にスペイン政府は彼にフィリピン滞在の許可を下し、異論なきを伝えた。彼はすぐに当地に向かったが、それは政府の巧妙な罠であった。彼は逮捕され、拘引《こういん》された。リザルはミンダナオ島への流刑《るけい》に処された。ある日、彼は医者としてスペイン軍の中で奉仕する希望を申し出た。彼の願いは受理されスペインに向かって発ったが、バルセロナで再び逮捕された。フィリピンで暴動が起こり、彼はその責任を取らされてフィリピンに連れ戻され、即刻射殺されたのであった。その地に記念碑が建っている。長い取り調べ中も立派に自分の立場を弁明してきたが、彼を処刑しようというスペインの為政者の意志は揺るがなかった。彼は祖国のために死んだ。今日フィリピンは自由である。命を賭した彼の生涯の仕事は成果をもたらしたのであった。東アジアの人びとの生活が岐路に立っている。数百年にわたる今までの歴史は終わりを迎えようとしているのだ。

別れの時刻は迫ってきた。陽光に包まれた湾を後にしなければならなかった。マブハイ！（注：タガログ語でさようならの意）和爾丸がゆっくりと、すべるように海洋に出て行くとき、少年団同士や大勢の子供たちが叫んだ。

マブハイ！

第九章　暴　風

ジェイ、デイ、エイ、ケイ、ジェイ、デイ、エイ、ケイ　こちら日本放送局、東京……、

日本少年団の練習船和爾丸は知っての通り外洋航海途上にあるのだが、到着予定日を何日も過ぎてもまだ到着していなかった。八月十五日時点でこの帆船が南シナ海域で消息を絶って以来、音信が途絶えているのだ。和爾丸はマニラを出港し、インドシナのサイゴン（注：現在のホーチミン市）に向けて航行していた。この時期、とてつもない暴風が帆船の向かう方角に発生していたので、最悪の事態が懸念されていた。船は新型のすぐれた無線装置を備えていたが、応答がないのである。この知らせは日本人や、特にぼくらの両親や友達に喜びをもたらすようなものではなかった。誰も面と向かっては言わないが、どういう意味なのかは誰かが伝えなければならなかった。少年団の本部ではみんながとても心配していた。和爾丸が台風に遭遇したのなら沈没したことも覚悟しなければならなかった。自然の猛威に対して、格別に抵抗力のある船体を持たない船は無力なのであった。航海がこのように終わってしまうことは、少年団の活動にとって大きな痛手であった。

まもなく、台湾の近くの島の岸辺にコルクで栓をしたガラス瓶が見つかる。中の紙切れにはＳＯＳの字が読める。それ以外の文は読めないが、この字は和爾丸の乗組員の誰かが

書いたものであることは誰も疑わない。うわさの確認はできもしない。そこで自然と不幸なうわさはたちまちに広まり、実際と違ってますますひどくなっていく。特に残された者は恐怖に落とされる。ある人ははばかりもせず、和爾丸は沈没したのだという。消息不明の状態が続き、騒ぎは日を追って激しくなるばかりであった。

到着地のサイゴンも同じような不安に包まれていた。暴風の恐ろしさは皆知っているので、心配もせずに過ぎ去るのを待っていることはできなかった。現地の人はもし船が台風の魔手に捕まってしまったなら、和爾丸には余り希望はもてないと思っていた。すでに五日間も経つのに、わずかな情報すら得られなかった。一体何が起こったのだろうか。

ぼくらがマニラを出港してから、実際に何が起こったのであろうか。実はすんでのところで沈没を免れたのである。大鎌を手にした死神はその鎌でぼくらを捕らえたと思っていたのだが、でも幸運はぼくらに味方したのである。

ぼくらがマニラを出航するとすぐに強い南風が吹いてきて、ぼくらをひどく困惑させた。風が向かい風なので四日もの間あまり前に進むことはできなかった。小さな船体の周りを波が強く跳ね、ドスンドスンと音を立てる。一方で大きく振りかぶったような大波が前に突き進もうとする船首をしつこく押し戻そうとする。わずかに進むのも大変なことだった。和爾丸やその勇ましい乗組員はひどく緊張し、疲労困憊《こんぱい》した。

こんな状態が四日続き、風は暴風に変わった。迫る危険に対処しなければならなかった。怒鳴るように風がぼくらに向かって吹き、低い雲はマストの先端をかすめる。ドアがバタンバタンと音をたてる。自然のあらゆる力が共謀してぼくらに立ち向かってくる。海水の塊の中にどれだけの暴力、激しさが隠されているのか、暴風がそれをシャベルで高くすくいあげ、もうれつなスピードで海に追い立てる様子を見てようやっとわかった。あらゆる方角から波がぼくらの小船を攻め立てる。ぼくらは過去も未来も忘れ、すべての思考力を最後の全力投球を求めている現在に振り向けた。抵抗してやろう、差し迫る破滅に一撃を食わせてやろうという鉄のような意志がこみ上げてきた。暴力には暴力で打ち勝たなければ。ぼくらは弱い人間だが、頑張っている船もそれを強く求めているのだ。いかなる考えもこの瞬間に向けられ、ほとんど無意識のうちにたった一つの正しい行動をとる。後になってなぜそうなったのかという釈明をすることなどできないのだ。すべてが揺れて不安定である。見えれば勇気がわいてくるのに、水平線には陸地が見えない。大波がダンスのようにぼくらの周りを何時間も何日も踊っている。そいつにリードを取らせないぞ。死にものぐるいの格闘である。死神はぼくらの首筋に張り付いている。こんな考えを吹っ切ろうとするが、まったく出来ないのであった。

マスコットがどんな行動をとったか、今でもぼくは覚えている。ときどき悲しそうにミャウとなくが、突然黙り込むのだ。ぼくらがしっかりし、興奮しすぎて判断を失わないよう振る舞うべきときに、猫も察してかそうするのである。マスコットはおどおどして体をあちこちになすりつけ、船の中に身を隠すかぼくらの足にまとわりつき、優しい言葉をかけて欲しいと目で訴えるのである。

今ここで少年団団長の原氏がその航海日誌に書き記したことを見てみよう。

「私はここ数日休むことなくブリッジに立ち、激しくなる一方の暴風の勢いを感じていた。八月十九日の朝、マニラ港を発って四日目、波濤によるローリング（横揺れ）とピッチング（縦揺れ）は四十度にまで達した。しかも逆風であったので遅々として船は前に進まなかった。でもそれはそれで良かったのだ。風を背に受けていたら暗礁に乗り上げる危険に陥ったであろう。暴風が船外に取り付けていた機器を壊していたから、陸地との無線のやり取りはすでに断たれていた。この状況下では必要な修理は当然のことながら行えなかった。

コックは仕事を続けられなかった。われわれは以後、ラスクと水で飢えをしのいだ。水はそうでなくても船内に入り込んだ波によって飲めなくなっていた。当初は補助エンジンを使っても予定のコースを取ろうとしたが、ゆっくりとしか前に進めず、しばしば前にすすむどころか後ろに引っ張られることがあった。

私はとっさに記録用に写真を撮ろうと思った。今の光景はあらゆる恐ろしい出来事や危険と比べても、ものすごい映像を提供する。私はすぐにこの考えの虜《とりこ》になり、少年の一人にブリッジに来させ、カメラを持ってくるよう命じた。極度に緊張して、その少年は暴風の中を私のところまではい上がってきた。ブリッジに着くや彼は波にさらわれそうになった。何とか努力して自分を縛り付けて確保することができた。風の力は恐ろしいばかりである。呼吸もできないのである。暴れまくる自然に長く逆らうことは少年にはできなかった。手っ取り早く私はブリッジの鉄のポールにカメラごと彼を縛り付けた。私より年配で経験もある船乗りと同じように、私自身も下に投げ出されないように、すべてのエネルギーを動員してかろうじてブリッジにとどまった。準備は整い、撮影のタイミングを待っていた。その時、船首から斜めに突き出た帆柱に目が行った。帆柱はゆるめておかなければならなかった。というのも風を受けて絶え間なくバタバタと上下に打ち付けていたからである。

何としたことか。私は何が起こっているかすぐわかった。撮影のことなどもう考えられなかった。少年を縛っていたロープをゆるめ、下に行かせた。こう言えば簡単だが、それすらとてつもなく困難をともなうものであった。斜めの帆柱をしっかりと見つめた。それはすべての操帆装置の要になっていた。いかなる状況にあっても、その安全をしっかりと確保しなければならなかった。

私が伝えたので船長が来て、三人の乗組員と一緒になってその仕事にとりかかった。大波が押し寄せるなかで、船の前方部分と海との区別がつかない。ほんの数秒だけ船首がビッショリ水をかぶったまま波の上に姿を現す。わずか一回の方向転回が、たった一回の誤った操舵が、この小船をどよめき荒れ狂う海の底に放り込むのに充分であった。そうなってはもう終わりである。

こんな状態にあっても、決死の四人の船乗りたちは手や足を使い、あらゆる物で身を確保しながら前方に進む。私は危険で向こうみずな仕事が行われる様子を、心臓をバクバクさせながら見ていた。今までの人生でこのように動悸《どうき》が激しくなるのを感じたことはなかった。サーカスの綱渡りを見物して感じたあの息苦しさなんてものは、われわれが今耐えている不安と比べれば、子供の遊戯みたいなものである。今われわれには、命以上のものがかかっているのだ。われわれに託された課題を何としても成し遂げなければならない。スプリット（注：小型帆船のマストから斜め後方に突き出させ帆を張り出す円材のこと）を強い舫綱で元の場所に運ぼうとしていた時、ぼくは船の前方に家の高さくらいある巨大な波が二つもこちらに向かってくるのを見た。それは見たこともない光景で、私は一生忘れることができないであろう。今にもその大波はわれわれを飲みこみ、船まるごとその下に生き埋めにするのではないかと思ったのである。

四人の男たちは大波を見ていなかった、すでに危険は彼らに襲いかかり、かれらを飲み込んだ。われわれの心臓はとまった。船がそれこそ棒立ちになった。ぼくは前方を見た。

祈りのことばが口にでたが、考えることなどできなかった。船首部分がゆっくりと浮かび上がると、乗組員の四人の男達も一緒に姿を現した。奇跡が起こったのだ。こういう状況のなかで脱出できたのは想像を絶していた。四人は果実のようにスプリットにしがみついていた。船首部分は全体が何度も何度も泡に包まれた。

どうしてこうなったか、もう私にはわからない。いずれにせよ、この時に私はメガホンを口にあてがい、出せる限りの大声で船長に叫んだ。『即、今いる場を去ってこれ以上危険なことはするな！』と。暴風のわめく声で彼は何も聞こえなかった。私の声は二フィートも届かなかった。声は宇宙の荒れ狂う、ゴウゴウいう音でかき消された。天と海とは一つのように見える。上も下もない。暴風が、とどろきが、ハンマーで叩く音があちこちから迫ってくる、上からも下からも、世界の終わりがすぐそこに来ているようだ。私は気持ちの中であきらめていたのだった。ところが私の中に別な声が聞こえてきて、人間にいざという時に現れる、途方もない生命の力が私を支えてくれた。今一度、希望が優位に立った。根拠は無かったのだが、われわれは何とか切り抜けられると再び信じたのである。この地獄から抜けでなければならなかった。

船長は持ち場に引き返さなければならなかった。私は何人かの男達に、引き返す船長の手助けをするよう頼んだ。すべてがうまくいった。二人の男が怪我をしたが、ありがたいことに大した怪我では無かった。甲板の下で包帯を巻いた。でもどうすればスプリットがもぎ取られるのを防ぐことができるのか。というのも嵐はその力を弱める気配がないからである。

船首部分からはマストの先端に舫綱が何本も架かっている。すべての船上のリギング（索具）が飛んでしまう危険があった。そうなれば首尾良く嵐から脱出しても、大変な事態になってしまう。

ともかく何とかしなければ。先ず補助エンジンを切った。帆は暴風の到来と共に横柱に縛ってあった。われわれの船は荒れ狂う海の上をボールのように転がってしまい、航路を維持することなどは最早できなかった。一方で向かい風の勢いは萎《な》えたとはとうてい言えなかった。

それでも気持ちが楽になった。われわれはあちこちと投げ出され、しばらく前から方向感覚も失っていたが、船首部分とリギングは操作できるようになり、再び元の状態に戻すことができたのである。

船の後部には帆柱とマスト部分の在庫がおかれているが、そこから船長は適当な木材を選び、二人の船員が指示通りに鋸《のこぎり》で切った。重たい帆柱は船の前方まで引っ張っていかなくてはならないが、これが重労働であった。手の空いている乗組員が全員召集された。不安定なデッキの上で命をさらすので、それぞれが体に頑丈なロープを巻き付け、それをどこかにしっかりとくくり付けなければならなかった。互いに大きな声で励まし合って作業を行い、またロープを解いてはまた結びつけた。太いマストが運良く船首部分に斜めに据え付けられた時は嬉しかった。太い綱で木を船首部分に縛り付け、本来の働きを強化したのである。ただしこれは一時しのぎの処置であった。この状況にあって再び暴風に立ち向かうことはできなかった。

三十時間もの間、波に浮かぶボールのようにわれわれは漂った。一時でも命の危険を感じなかったことはなく、いつも最悪の状態を恐れていた。いつその終わりがやって来るのだろうか。

ついに船長は航路を南にとり、アジアの陸地に向かうことを決心した。陸地のそばでは

マニラ、サイゴンで暴風雨に遭う

座礁する危険は大きかったが、でも暴風はそこでは今まで味わってきたような恐ろしい力はもうないのだ。陸地に近づくことでどのような安全が得られるのか、それは船乗り達だけがよく知っていた。補助エンジンは再びグルグルと音を立て始めた。ゆっくりと船はピッチングしながら西の方角に向かい、収まる気配のない荒れた風雨を突っ切って進む。食事を取ったが、とても粗末なものであった。肉体的にも苦しかったが、ようやく数日後に遠くに黒々としたものを見つけた。陸地だった。クリストフ・コロンブスですらわれわれ以上の喜びを感じなかったであろう。ヘトヘトに疲れ、腹ぺこで、何もやる気がせず、ただ消耗していた。船長は航路を設定し直した。目的地であるサイゴンからはまだほど遠いが、インドシナ海域に入ったのである。暴風の力はここではそれ程大きくはなかった。力は弱まり片側からのみ強い風を受けた。ともかく、陸地は風から守ってくれた。」

原の日記はここまでである。海岸を見ながら南に進み八月二十五日、ついにサイゴンに到着した。六日間ではなく、航海は十一日間要した。ぼくらは安堵のため息をついた。ほっとしたのは日本でもそうだったろうし、サイゴンのぼくらの友達もそうであった。本当の試練であった。ぼくらはそれを度胸と勇気とで乗り越えた。猫のマスコットがデッキに上がってきて、かなりの損害の状況をじっと眺めまわしていた。

第十章　首都サイゴン入港

フランスの植民地であるインドシナの首都サイゴンは海ではなく、サイゴン川に面している。この川は、太平洋とも大洋ともよばれている海のサンジャック岬のほとりにそそいでいる。嵐を経験してからというもの、ぼくらはむしろ大洋と呼びたい。太平洋というには少しばかり薄気味悪いのである。

ぼくらはいずれにせよサイゴン川を遡《さかのぼ》らねばならなかった。街は河口から六五キロメートルほど離れている。かなりの距離である。嵐はかなり弱まったが、影響が残っており、いつサイゴンに到着するのか分からなかった。高く砕け散るような波が浜に打ち寄せている。ぼくらは海岸から数キロも離れた所にいた。

いつでも港湾警察のモーターボートが来てよかったのだが、そのようなボート、またボートらしきものは来なかった。海は荒れ、船は一艘も浮かんでいなかった。何か再び気持ちが落ち着かなくなる。じっと目をこらして見たが何も見えなかった。何時間も無駄に時が流れ、ついに夜となったがぼくらはまだ揺れる波の上にいた。予想外のことであった。

岸辺に光る何かを見つけた。荒れた海から見れば少なくともそれは慰めであった。ぼくらはそれが何なのかじっと見つめ、やがて落ち着きを取り戻した。相変わらず和爾丸はひどく傾いたりして、次の瞬間には高く引き上げられそうである。もう十分に堪え忍んできたのだから、船の揺れなど考えてもしょうがなかった。サイゴン河口到着後二日目の晩も海上で過ごさなければならないのか、その可能性は時間を追う毎に大きくなった。陸地では間違いなく地元の人たちがぼくらが姿を現さないことや、なんの情報もないことを心配しているに違いない。日本や他では何が伝わっているのであろうか。うわさとか新聞記事とか、ぼくたちは何も知っていない。そして何も知らなくてもよいことなのかも知れない。ぼくらを港の安全地帯に導く水先案内の船が来てくれることを切に望んでいただけであった。

寝ることなど考えられなかったが、ここ数日の緊張で死ぬほど疲れた体を引きずるように船室に戻り、そこに身を横たえた。狭くて空気がむっとする部屋である。勇気ある和爾丸の乗組員はいつでもベットから叩き起こされるのだ。外のブリッジには初又胤雄船長が見張っている。彼は船が海岸に乗り上げたり、岩礁に当たらないよう注意しなければならない。岩礁は不気味な磁石のように待ち伏せしているのである。潮の流れはひどく強かった。

夜になった。乗組員の何人かは海岸の水先人が気付くよう、信号を時々送るよう命令された。努力の甲斐あってか、真夜中近くになってデッキから荒れる波頭を切って和爾丸に向かって進んでくるボートのシルエットを確認した。再びそのボートは視界から消えた。でもこれは錯覚ではなかった。ぼくらのことを聞きつけ、助けを寄こしたのだ。ボートが船に接近し、声の届くところまで近づいた。注意深く初又船長と乗組員はボートが船に接《せっ》舷《げん》できる姿勢をとった。高波と暗闇の中での作業は容易ではなかった。

きっかり夜中の一時に男が縄ばしごを伝って上がってきた。彼を船長のところに連れて行った。その男は何かしゃべったが、何を言っているのか誰もわからなかった。船長はぼくを呼びにやらせた。ぼくはそこに行って、日本語、英語そしてフランス語で話しかけてみたが通じなかった。彼の言葉はぼくにもわからず、マレー語の方言のように思えた。絶望的な気持ちになった。この男は酒を飲んでいるのではないかと思ったくらいである。この最初の訪問者から確実なことは何も得られなかった。何だかわけがわからない言葉だけで、状況はちっとも改善しなかった。様々な言語があることの不幸さといったらない。人類の始まりからそれを人間は変えることは出来なかったし、今もそうなのだ。ぼくらはそ

浅瀬に乗り上げる

の男を囲んで黙っているばかりであるが、それでもぼくらが口に出せば質問ばかりである。多分、彼自身が水先人なのだ。でもその行動からどうしてもそのようには見えなかった。

彼がポケットから紙片を取り出し、ぼくらに差し出したことから、ようやっと謎が解けたのであった。彼は挨拶を済ますと船から去っていった。ボートは花びらのように、いまだ荒れ狂う海に流されて行った。

ぼくはその紙片を手に、何が書かれているのか見るために船室の明るいところに行った。とても嬉しかったのはそれがフランス語で書かれていることだった。三時頃に水先人がやって来た。

一寝入りすることなど考えられなかった。船長は船を可能な限り掃除して清潔にするよう命じた。悪い印象を与えたくなかった。嵐の後なので、人様《ひとさま》を招くような状態ではなかった。デッキには、いろいろなものが散乱していた。すさまじかった出来事が起こった現場である。ぼくらはすぐに仕事に取りかかった。船内はビンや鍋が散乱していて、コックが大事にしていたものは痛々しいまでに壊されていた。沢山の食器類は破損していて、備蓄していたものは水に浸かって傷んでいた。やることが一杯あった。三時過ぎてすぐに水先人が船に上がってきた。ぼくらはこれほどの歓喜をもって、人を迎えたことはなかった。彼はすぐに船の舵をとった。

太平洋岸に面する多くの街では、航海する船は水先人を船内に受け入れて、操舵を任せることを義務づけている。不案内な者による港への乗り入れは危険をはらみ、予期しない事態を招くからであった。船舶と港湾施設はそうしないと無用な被害をこうむってしまうのだ。皆がそれをつとめて避けようとするのである。水先人の助けがなければ、この狭くて曲がりくねった川筋を航行できなかったであろう。彼にとっては当たり前のことだろうが、でもぼくらにとっては満足し、嬉しい気持ちにさせてくれるものであった。

波も立たない静かな川面に入ったとき、先ほどの海との違いにただ驚いた。先ほどまで海はぼくらをもてあそんでいたのであるが、今は童話にでもでてくる鳥が、魔法のようなおとぎ話の世界に入っていくようである。心のどこかにまだ残っている心配事は喜びでさっさと忘れたのであった。新たなる環境に身を委ねた。首都まで四時間かかったが、今までの長い航海と比べればとても短い時間である。乗組員全員がデッキにいた。川辺の風景は魅力に溢れ、変化に富んでいた。水辺に杭を打って造られた背の低い家々は特にぼくらに感動を与えた。それらは熱帯特有の色とりどりの花畑に囲まれていて、かぐわしい匂いをぼくらに届けていた。古くて擦り傷だらけの漁師の舟がぼくらの目にとまる。できればそれらの舟まるごと東京に持ち帰り、老朽船の船団をつくり自由な航海をしてみたいものである。畑に目をやると水にたっぷり浸かっていた。住民が半裸でその中で働いていてあっけにとられた様子をしてこちらを見ていた。ここの畑は砦の施設に似ていた。というのも、塀と塹壕《ざんごう》が縦横に畑を貫いているからでる。

眺めていて不思議なことが多く、飽きなかった。良き昔の喜びが戻ってきて、心配と災いの日々が忘れられていった。

サイゴンが目に入った。トランペットの合図が鳴り、ぼくらは船室に急いで戻って一張羅《いっちょうら》の制服を取り出した。

第十一章　尊敬された日本のスイマー

ぼくらはやっと着岸した。錨が音を立てて投げ込まれた。舫綱《もやいづな》が岸壁に投げられて固定され、歩み板が下ろされた。沢山の人たちがぼくらを待ちかまえていた。地元の少年団は感激してワーと叫んだ。ぼくらは決められた通りに上陸した。ぼくらの制服は人目を引いた。ぼくらは外見にも入念に気を配ったので、好感を持ってサイゴンの人びとに受け入れられたのである。

ついにぼくらは到着したのだ。毎日地元の少年団と日本の同郷人が港にいそいそとやって来て、ぼくらの船を見学した。ありがたいことだ。やっとぼくらは着いたのだ。サイゴンの人たちがぼくらのために辛抱してくれたことは、今ようやっと終わろうとしていた。

地元新聞はぼくらの写真を掲載していた。ぼくらの冒険的な航海は予期した以上に多くの関心を引いた。ここに送られてくる故郷の便りも、それまでの航海の経過とマニラに到着したことを伝えていた。新聞はぼくらが台風に遭遇したことをどう伝えるのであろうか。そしてもしあの特派員が鳥羽《とば》で下船していなかったなら、あの気の良い人はどうなっていただろうか。あの危機を逃れて、きっと彼は喜んでいることだろう。災難は他人事ではなかった。ぼくらが街に繰り出す前に、ぼくらのことはすでに街に知れ渡っていた。消息が長いあいだつかめなかったことは同情をかき立て、その気持ちが現れていたのであった。

ぼくはパリの街を知っていた。ここは典型的にフランスの装いを持っているのだが、街の様子や路上の生活に驚かされた。それでも極東のパリ、サイゴンはこの街の姿を大胆にフランス風に形づくっているのだ。フランス国旗は多くの大きな建築にひるがえっていた。国旗は粋で進取の気性に溢れていた。何かフランスの田舎街に来たような錯覚をする。なぜならここでは船乗り達が、地方なまりのフランス語で話しているからである。必要なホイッスルを首からさげて、フランス汽船の高級船員や乗組員達があちこちに立っている。税関職員すらもフランスの制服を着ている。すべてが完全にフランス的である。

道路はまずまず舗装されていて、熱帯の植物で縁《ふち》を飾っている。木々は心地よい木陰をつくり、街の美しい風景に貢献している。ここでも家々は大きな色鮮やかな庭に囲まれていて、まるで大きな公園に来たみたいである。数年前までバタビア（注：インドネシアの首都ジャカルタのオランダ時代の呼称）やシンガポールと似て、サイゴンという名は不健康な気候や遅れた衛生状態に対する不安と結びついていた。ところが街は変わった。今のサイゴンは近代的で働きがいのある街である。ぼくらが日本をそれほど愛おしいとは思わなかったなら、ここはぼくらが喜んで住みたいと思うような街である。新しい道路を建設し、危険な沼地を干拓《かんたく》し、そしてさまざまな計画が実行されている。

カフェには出入りする多くの人の姿が目につく。ぼくは熱帯地方では熱い飲み物はあまり適さないと思っていた。でも実際はその逆のようである。人が言うには、熱い飲み物は冷たい清涼飲料よりも、のどの渇きを和《やわ》らげるのである。

陸に上がるや最初の招待を受けた。折よくぼくらが滞在している時に、大きな水泳プールが完成した。昔からどこでも行われている慣習だが、立派に落成式を挙行してお祝いをする計画であった。彼らは日本という名前に惹かれていた。ぼくらの国のオリンピック水泳競技者たちは、その成績で世界の注目を浴びていた。ロサンゼルスオリンピックと世界新記録のことは今でも話題にのぼる。（注：一九三二年―昭和七―ロサンゼルスオリンピック大会で、男子競泳は一〇〇・四〇〇・一五〇〇メートル各自由形、一〇〇メートル背泳ぎ、二〇〇メートル平泳ぎ、四×二〇〇自由形リレーで金メダルをとった）見たところ、現地の人はぼくたちに対してすら、その驚異的な技能を期待しているのであった。心配で気がかりになった。すべての日本人が素晴らしいスイマーではない。それはドイツ人なら世界記録を有するカーレーサーなのか、イタリア人なら月桂冠で家中が飾られるサイクリストなのか、アメリカ人ならみんなが豪華ヨットを持っている金持ちなのかというのと同じである。サイゴンの人たちはロサンゼルス大会での日本人の活躍振りに感激した。今更それを変えるわけにはいかない。ぼくら日本人スイマーの名声が危険にさらされている。ぼくらがもし敗北を喫したらどうなるのか。本来そんなことを考えてもしかたがないことだったが、考えてしまうのである。知ったかぶりする人や根拠もない話を広める人は、今度の競技で新たな世界記録がでるのではと思っているのである。主催者は観客がおおぜいつめかけ、おおいに稼げること、それに良い時期での開催を確信している。競技の開催を告げるたくさんのポスターが配られていた。競技場で飲食や娯楽を提供する企業が、この利益のあがる企画に参加を申し出た。

残念だがこのような華々しい競技に対して全く準備をしていなかったし、少年団員は決して神童ではなかった。名誉ある申し出を断ろうとしたが、無駄であった。今回の航海でとても疲れていること、眠れぬ夜が続いたこと、空腹と渇き、そして嵐、その他良心に照らしてきちんと弁解となるようなことを伝えた。しかし効果はなかった。彼らはぼくらがそうすることでますます奮い立ち、ぼくらの中に競技記録者が何人かいるとまで推測した。さらに宣伝が始まり、日本人が開催初日に参加するという噂までが広まった。

ぼくらは何も出来なかったし、それを隠しもしなかった。訓練もせず、ぼくらの中で誰が一番泳ぎが上手なのかも知らなかった。ぼくらの若者達の何人かは競技に参加することに抵抗を示さない者もいた。何と言ってもぼくらの水泳技術を見せ、世界でも有名で、驚きと賛美を呼び起こしたいくつかの演技を見せることができると思っているからである。

ぼくらは新しくつくられた水泳場に定刻に行った。何棹《さお》もの旗、たくさんの花環、大勢の見物人や若者たち。そしてまだ何も始まっていないというのに、ものすごい熱狂である。ぼくらは拍手喝采《かっさい》を浴びた。「あのオリンピックの時にあれほど恐れられた日本人……」

ぼくらは参加した。ぼくらはいくつかの潜水の技法や、高い飛び込み台からの美しい飛び込み、最後には扇子《せんす》を使った古式泳法の芸当を紹介した。どの演技に対しても歓声があがり、歓迎された。演技を終了した時、再び拍手が起こった。

ぼくらは最後まで水泳競技に参加するのを拒んだ。サイゴンの人はずる賢いところがあって、少なくとも一度はぼくらをスタジアムに誘い出した。そして改めて参加して欲しい旨《むね》を繰り返したのである。観客は力強さを競う競技を声援する。ぼくらはよく考えて反対したのだが、ついに折れた。ぼくらは泳ぐことになった。ささやき声が満員のスタンドに広まった。スピーカーからは日本人の参加を伝えるアナウンスが流れたが、最後まで聞き取れなかった。やんやの喝采である。残念ながら賞金はなかったが、すべての祝祭の中でもっとも熱をおびた競技であった。一〇〇メートル平泳ぎから始まった。号令が響き渡り、四人の選手が五〇メートルのプールに身を沈めた。力強いスパートをかけてぼくらの選手たちが折り返し地点まで前に出た。しかしそこからはサイゴン人が前に飛び出した。そして前に前にと差を広げていった。力量のある泳ぎ手であり、最初の競技は彼らに負けてしまった。ぼくらの少年団、乗組員や地元民の大きな声援も奇跡を起こさなかった。頑張ってもらうために振った、昇る太陽を描いた小旗を振る人はわずかであった。サイゴンの勝利であった。その勇気は計り知れなかった。日本を打ち破ったのだ。喜びにうかれたまま、次の競技に移った。

すべての競技においてぼくらは負けた。二〇〇メートルのクロールではサイゴン人は真っ先に先頭を切り、他を寄せ付けないでゴールインした。ぼくらの選手もとても努力したが、明らかに彼らの方が勝っていた。航海の苦しい体験が明らかに悪い形で現れた。サイゴン人は大いに笑い、愉快でたまらなかった。誇らしげにふんぞり返ってあちこちを行進し、競技の戦いの模様を詳しく伝えるのに疲れ知らずであった。

なぜ勝てなかったのか。ぼくらが負けるのは最初から分かっていた。ぼくらは立派に負けたのだ。負けたことは大したことでなかった。水泳競技の後、ぼくらは本当の友達としてサイゴン人と理解し合えたのである。フランス人やベトナム人の子供たち、それに少女たちは満足げにぼくらを取り囲んだ。

翌日、ぼくは競技の結果や論評を読むために新聞を買った。長い記事であった。ぼくらはとても賞賛されていた。サイゴン人も同様であった。一〇〇〇人もの観客が息をのむような競技に参加したのだから、地元の人たちは今はほっとして休憩している。完全に勝利したのである。写真の幾枚かは選手チームとぼくらの演技を写していた。最後にこう書いてあった。「日本はオリンピック競技においてすぐれた成績を残したが、だからといってすべての日本人が有能なスイマーであるとはいえないのだ。」ぼくらはそのようなことは前からわかっていた。しかし新聞の読者は明らかにその記事を読んで喜んでいた。新聞の論評は一風変わっていた。

もともとぼくらのベトナム滞在は数日間の予定であったが、サイゴンは一番長い滞在地となった。船の修繕には一週間以上要した。何人かの経験ある和爾丸の船員と数人の少年団員が精力的に手伝った。ぼくらの人間が働いても費用はほとんどかからなかったし、港湾労働者を雇ったかのようにうまくいったのである。こうして航海の全体予算のなかで費用を抑えることができたことを知った。タクシーの運転手も、船の故障修理にとても安い値段で助けてくれた。言葉がほとんど分からないのに、生真面目《きまじめ》さでかれはぼくらの機械工から多くを学ぶことができたのである。

生活がすべてこのような状態であった。ドイツのことわざにいうように、何事も独立独行である。まことにしかりである。

翌日、地元サイゴン少年団はわれわれを何台かのバスに乗せて国の内部に向かった。二〇人の日本人と八〇人のベトナム人が参加した。バスはインドシナ総督が手配してくれたものだった。この配慮に対してここで礼を述べたかった。バスの中では互いに歌を紹介し合い、そうしている間にバスはかなり進んだ。

サイゴン人はぼくらをショロン（注：ベトナム南部の都市、ホーチミン特別市の中国人街）という、純然たる中国人の街に連れて行った。中国人は全世界に散らばって生活している。彼らはこの地上でもっとも控えめで寡欲《かよく》な人びとである。持ち物がいかに少なくとも生きる術を知っていることは驚きであるし、またすばらしいことである。贅沢《ぜいたく》な食事は心のバランスを失わせるであろう。ぼくらだってそうである。

ショロンの街路はとても狭かった。どこも人で溢れていた。乱雑で往来の騒がしさは鼓膜が破れそうである。商売と人びとの生活が路上で所狭しと活発におこなわれていた。ここでは何でも買うことができた。果物や安全かみそりの刃が入り乱れて売られている。黒髪の人は中国服を着ている。女性は幅の広いズボンか、ガウンのような片側の裾下《すそした》が裁断されたスカートをはいている。人力車の車夫は大声を出したり、笛をプープー鳴らしている。ともかく、どうしようもないくらいうるさいのだ。豚ですらわが物顔に道路を歩いている。ぼくらはこの無秩序にぎょっとさせられた。ここに何日も滞在していたとしても、ぼくらにはとても辛抱出来なかっただろう。

くり返しになるが、感心するのは彼らの満ち足りた様子であり、謙虚さ、それに控え目な態度であった。でも恐らくそこに中国国家の力や安定さがあるとは思えないのだ。中国人は郷愁をわずかでも感ずることなく祖国を後にする、とよくいわれている。彼らは気軽に祖国に別れを告げる。世界のどこでも彼らにとっては好ましい場所なのだ。どこかで彼らの幸運が開くかも知れないし、そうでないかも知れない。どこであろうと、場所は問題ではないのである。一方、この人生観には愚かさとか、いい加減さとかが潜んでいなくても、偉大なものがある。毎年何千人もの中国人が上海や香港といった大きな中国の港から世界に向かって出かけていく。口の片隅にパイプをくわえ、彼らは投げやりな態度で故郷を見やる。ただ考えることは自分たちがささやかでもパンを稼ぎ、つましい生活を送れる場所を見つけ出すことである。

数多い冒険小説、犯罪小説において、中国人は常に感謝の気持ちを抱き、そして成功を収めた役割を演じている。これらの良い作品に彼らは必要不可欠な存在である。ヨーロッパの若者達は中国人のことを手の付けられないアヘン中毒患者か、それとも冷酷な海賊、またはその両方と思っている。海賊ということにでもなれば影響は大きい。映画の興行収入が多いことからもわかるように、どちらも彼らの好みに合っている。もちろんいくつかの犯罪行為は確かにある。そして中国のジャンク船がアジアの海域を物騒なものにしたことは否定できないし、それは今でもある。それでも人は中国人の一面のことを針小棒大《しんしょうぼうだい》にいうのだ。中国だけに犯罪者がいるわけでなく、聖人もヨーロッパ以外にもいた。正直で勇敢な顔を持っている盗賊のほうが、卑怯《ひきょう》で到る所でのさばり、羊の服を着た一〇〇万と数えるヨーロッパに住むオオカミの群れよりましではないか。

ショロンはいずれにせよ興味深く、考えさせられる街であった。

第十二章　からみつく砂州

船の損傷は修理され、和爾丸は錨をあげた。新たな海岸や渚がぼくらを待っている。ベトナムの友だちは心から別れを惜しんでくれた。水泳競技で負けたことはぼくらの名声を傷つけはしなかった。今回は別な水先人が舵をとり、注意深く船を海に導いた。

いつもながらの生活が戻ってきた。すべての帆を張り、船は順風を受けて軽快に進んだ。インドシナ海域を抜けてシャム王国の首都バンコクへ、そしてそのシャム湾までの航海は楽しいものだった。サイゴンで過ごした日々でぼくらは元気を取り戻した。はるか碧《あお》い海の向こう、明るい空に目をやった。大きな鮫が食べ物の残りを期待してか、一定の距離をおいてついてくる。大きなシャム湾に入ると強烈な風がぼくらの行く手を遮《さえぎ》った。岬では二方向から波がぶつかり、つかみ合いの喧嘩のようなことをしている。でも船の操舵にはまったく支障はない。和爾丸は上手く通り抜け、気持ちよい風を受けてメナム川の河口に近づいた。

メナム川はぼくらに難題を突きつけた。詳細な海図を見ただけでも、川はサイゴン川ほど広くもまた深くもないことが分かったのだ。バンコクの街は内陸部に位置しているので、ぼくらは何マイルも川を遡《さかのぼ》って行かなければならなかった。多分水先人の案内が必要であろうが、きっと大丈夫であろう。

バンコクにはどうしても寄りたかった。ぼくらが訪問することは知らせてある。ぼくはサイゴンから電報を打ち、おおよその到着日は知らせてあった。バンコクの街は一般的に大型船が立ち寄ることは滅多にない。しかし日本とシャム王国との間は特別な親愛の関係で結ばれていて、ぼくらは大きな期待に胸ふくらませ、多くの伝説に彩られた国に船を進めたのである。現地の少年団と会うことも楽しみだった。彼らとは良き友情を築きたいのだ。またバンコクは世界の中でも、もっとも興味深い街の一つでもある。

メナム川の河口には日中に着き、夕刻までにはバンコクを見られればと望んでいた。残念ながらぼくらは見込み違いをしたのである。

初又船長は海図を取り出し、河川の状況を調べた。河川をこれ以上進むことは出来なかった。山から大量の砂が下流に押し流され、よりによって河口付近に頑固《がんこ》に蓄積されていたのだ。いつだって砂州に捕捉されるかもしれない。目の前の、汚れた黄色の川はぼくらを海に押し流そうとする。メナム川のこの悪戯《いたずら》は船乗りたちの間で知られていた。砂州は河口をバリケードのようにふさぎ、さらに海に向かって広がっていた。誰もがそれを汚

バンコク

れた川の水とは思わない。形とそのひろがりは常に変化していた。船舶、特に大型の船舶にとって、砂州は常に通航の危険な障害となっているのだ。そこでは頑丈な汽船ですら屈辱的な、予想外の結末を見るのであった。

ぼくがヨーロッパを旅した時も、川に砂州を見ることがあった、例えばライン川がそうである。でもぼくは川底をさらい、管理するために沢山の浚渫船《しゅんせつせん》が休みなく働いているのを見るのである。砂は小型のバケツで川からすくい上げられ、砂利として売られている。行く先はヨーロッパの人口密度の高い地域である。とりわけ数多くの企業はこのような活動に資金を提供している。管理されないライン川など、今は誰も想像できないのである。

でも極東アジアでは事情が違う。川は深く川岸を浸食していて、原生林は川の中まで枝を伸ばしている。大概《たいがい》の場合、水陸のはっきりとした境界はない。また境界があったとしても別な問題が待ちかまえている。浚渫の機械をもってしても、その途方もない広がりの中で、常に危険のない航行を可能にするなどできないのだ。その費用は中小の企業にとって負えるものではない。従って比較的少数の商船は今後とも変わりそうもない現況に甘んじなければならないのである。砂は自然のままそこにあり、波任せで自由に移動する。また渦や自然の作用で砂州が生まれている。インドのガンジス川はこのようにして広い範囲の海を奪ってきた。イタリアのベニスのポー川河口を思い出して欲しい。そこでは大量の砂州がますます海に押し流され、かつては岸辺にあったものが内陸部に存在するようになってしまっている。

こんな具合に何事にも好ましからざる面があるのだ。この付近の船長たちは問題を強調する。だとしても彼らのことを恨みに思ってはいけない。彼らは砂州の中に船の精の仕業を見る。たいしたことのない精の罠であり、多少とも被害がでるなら、船長らにしてみればせいぜい鉄砲で追い払えばいいものだと思っている。ただ困ることは、この砂州は信じられないほどに動きが緩慢《かんまん》で存在を感じさせないことであった。

海図はこれらの危険に注意を促していた。初又船長は額にしわを寄せた。これらの危険な状況は彼には思いもよらないことだった。水深が浅いことは海図に詳細に示されていたが、しかし手に入りそうもない〝本日の海図〟がなければ、どちらの方角に向かって進めばいいか分からないのだ。

海図には水先人の住まいが記されていた。白いボートハウスで陸から三マイル離れていた。ぼくらは望遠鏡を手にとり、湾全体をくまなく捜した。川の水はいよいよ汚くなり、気味悪くなった。仕方ないのでぼくらはきれいな白い船で汚い水の中を航行した。この水は砂州をうわべだけ覆い隠していた。ぼくらは双眼鏡でかなり傷んだ老朽船を見つけた。ほとんど注意を払われることもなかった。進行方向の川辺に寄ったところに、水面に浮かんだ白く塗装した家を見つけた。ぼくらは水先人の家に違いないと思い、航海士もそう思った。水先人はぼくらが向かっているのを恐らく見ているだろうし、ぼくらが危険な状態に船を進めているなら間違いなくすぐにでもこちらに向かって来るであろう。ぼくらには彼がどこにいるのか見えない。そこの海岸は無人のようで、ただ平坦で木が生い茂っていた。見渡す限り人影はない、パシャパシャと船縁《ふなべり》をたたく波の音だけである。

水先人はいつ来てもおかしくなかった。ぼくは船室に戻り、船舶、乗組員、乗客、貨物など航行に必要な事柄を記した船舶書類とみんなの旅券をまとめた。ぼくが外国との折《せっ》衝《しょう》でしたことを以前見せたが、その機会がまたやってきた。

突然、恐ろしいばかりの衝撃が船内を走った。ぼくの椅子は何度も飛び跳ねた。ぼくは壁に向かって飛ばされたが、頭をしっかり抱え込んだ。書類は部屋中散らばり、船がぎしぎしときしんだ。ぼくは気を取り直そうとした。船はともかくも立っている、そのことは間違いなかった。この時、ぼくの感覚は一〇年前に逆戻りした。ぼくは正午頃横浜にいて、突然足下の地面が前に転がっていくのを見たのである。それは一九二三年の関東大震災であり、わずか数分間のうちに東京や横浜の家々や寺院を破壊したのであった。地面が割れ、人が話している間に次々に消えていった。それは恐ろしい光景で、考えると今でも心臓が止まる。あの時の光景がふっとよみがえって来たのだった。

厄介な事故が起こった。ぼくも含め、全員がデッキに向かって走った。ぼくが予想した通り、船長は和爾丸が砂州に乗り上げて動けなくなったことを告げた。一瞬、静まりかえった。これからどうなるのか、だれも言葉を発しなかった。中でも年の若い少年達は目を床に落とし、顔面が蒼白になったように見えた。ぼくらの航海は最悪の事態を迎えた。さらに大変なことになるかも知れなかった。

前もって船の状態を確認した。ありがたいことに、砂州に突っ込んでいたのは、船の船首部分と前部だけであった。ゆっくりと航行していたおかげで、大事故になるのを避けられたのである。ただ、具合の悪いことに今は干潮であった。翌朝になれば満潮になって海面が上昇する。でもそれまでぼくらは待つことができなかった。すぐにでも何とかしなければならなかった。そこでぼくらは二つの錨と滑車の力を借りて砂州から船を引き離すことを決めた。

すぐにぼくらは二艘の救命ボートを川に下ろし、船員と少年団の何人かを乗り込ませた。どのボートにも小型の錨を乗せ、それ以外にも夕闇が迫ってきたので、いかなる不都合な状況も考慮して非常用乾パン、携帯食糧と飲料水を積み込んだ。

この興奮して動き回っている時に、晴れた空からいきなり熱帯地方で船乗りたちがスコールとよんでいる夕立が起こった。ぼくらは瞬《また》く間にびしょ濡れになったが、最初のスコールに続いて再び起こったスコールの中でも働いた。何としても船を離礁《りしょう》させねば、そこでもう一度びしょ濡れになったのである。

スコールは強く揺さぶるような突風に続いて起こった。空は気味悪いくらいに薄暗くなった。嵐は黄色く濁った川の水を波立たせた。作業はそのせいで容易ではなかった。ボートが船から降ろされ、適当な所に錨を下ろすために和爾丸から少し離れた。良い場所を見つけて錨を沈めた。船と錨とを繋ぐ綱はピンと張った。ボートが戻ってきた時、ぼくらはよくやったぞ、と叫んだ。

すべての乗組員が綱を引っ張る準備ができた。船長から最年少の団員までが精一杯引っ張った。ぼくら日本人はその際、わっしょい、わっしょい、わっしょいとかけ声をかけた。ドイツ人がハウルック、ハウルックと叫ぶのと違って間髪を入れないでのどから声が出た。引っ張って、また引っ張った。同時に船尾のスクリューが回り始めた。運が良いことにそれは砂州の上の方に絡みついていたので、ぼくらの努力はしがいがあったのである。しかしスクリューは大量の砂を巻き上げたので、作業はゆっくりと用心しながら行うことになり、結局はぼくらがいくら引っ張っても余り役にたたなかった。ヘドロの固まりが付着し救出の困難さが増した。ぼくらは全力を尽くして暗くなるまで船を引き出そうと努力した。うまくいくかどうか分からなかったが、結局はうまくいかず、船は砂州に食い込んだままとなった。ぼくらは疲れ果ててついにあきらめなければならなかった。心臓が止まりそうだった。乗り上げた船は予想以上に困難な状況にあった。操舵《そうだ》不能になったので片側からの波の圧迫は避けられず、船体は転覆するか沈没するかも知れなかった。わずかでも船を浮揚《ふよう》させる可能性があるなら、このような状況の中で一夜を過ごすことは考えられないし、無責任でもあった。船の滑車は実際調子良くなかったが、それは嵐や高波にあったことが原因であった。スクリューや錨を使った方法も失敗した。

不思議なことに白いボートハウスから誰もやって来なかった。水先人はぼくらを見たはずであるのに、どうしてこちらに来ないのだろうか。向こうで何かが起こったのか。すべてが静かであり、誰も現れなかった。光もなく、ボートも何らの救助もなかった。どんよりとした夜が訪れ、ぼくらは不安になった。無線機を試して見た。機器のどこかが故障していて、バンコクとはつながらなかった。ひどい夜となった。

朝になって満ち潮となった。一体どうなるのか。砂州に突っ込んだ状態で満ち潮を迎えるとは想定外のことだった。でも満ち潮で救われたのだった。満ち潮の波と一緒にぼくらは夕方から離礁《りしょう》の努力を開始したが、一度で上手くいった。ぼくらは歓声を上げた。和爾丸は自由になったのだ。ぼくらはゆっくりと水深の深いところに船を進めた。さあこれですべてが元通りに戻ったのだ。

夜になってスコールが何度も起き、船板をピシャピシャと強く叩いた。風も強さを増した。初又船長は船を河口から数マイル遠ざけるのが良策と考えた。河口は薄気味悪かった。

水先人を待っていたかったが、彼もそのうち姿を見せるはずである。

先ず船を固定している二つの錨を引き上げねばならなかった。もう一度ボートが下ろされた。携帯食料や飲料水も前と同様であった。今回はそれにくわえて救命隊も加わった。一五人がボートに乗り込んだ。川水は沸かされた湯のように盛んに泡立った。そうして乗組員たちは海底から錨を引き上げようとしたのである。

潮流はボートを押し流した。全員がオールを握り、その場所から離れないようにしたが、押し流されそうになった。潮流の勢いは船員や少年たちより強かった。捨て鉢になって救命ボートの小型のディーゼル・エンジンがうなった。ボートのスクリューは近づいてくる波が船尾を持ち上げるたびに空回りする。ぼくらはボートの中でほとんどやけくそになった。状況は危険をはらんでいた。しかし前進しているのがわかり、やっと錨にたどり着いてボートとロープで結びつけた。再びわっしょいのかけ声と共に一つの錨をたぐり寄せてボートに引き上げることが出来た。二つめの錨は深く海の底に埋まっていた。力を出してもびくとも動かなかった。

船乗りの中にかつて素潜りで真珠をとる仕事をしていて、潜水に自信のある者がいた。

メナム川から錨を揚げて

昔、日本で真珠を取る者はほとんどが女性であった。彼女たちは数分間水中にとどまっていることができた。彼は自分が潜り、錨を引き離してみようと申し出た。荒れて視界の悪い潮流の中では向こう見ずな行動であった。不安げにわれわれが見守る中、水中に潜っていく彼を見つめた。三十秒が過ぎ、一分、一分半そして二分、ぼくらは心配になった。秒針を数え始めた時、あの男の頭が船縁《ふなべり》に現れた。完全に息が切れて、空気を求めて体を水面に突きだした。結果は何も得られなかった。水の中では泥土のせいで錨の状態を確認できなかった。目視することすらまず出来なかったのである。川面は荒れて嵐は勢いを増し、ボートは揺れに揺れた。航海士はロープを切断し、錨をいつか引き上げられるように、そのまま放置することを命じた。錨は今でもメナム川の砂の中に眠っている。

船に戻るのは少しばかりの技能を要した。二隻のボートが舷側《げんそく》に付き、甲板に引き上げられた時は嬉しくてほっとため息をついた。和爾丸は一つの錨の分だけ身軽くなったが、他は何も変わらなかった。

少し離れた所では大きな錨が深いところでガラガラと音をたてている。慣例に習って、小さな国際信号がマストの先端から根気よく発していた。

再び幸運がぼくらに味方した。水平線に長くたなびく煙が現れた。イギリスの大型石油タンカーであった。見たところ、そのタンカーはかなりの喫水《きっすい》があった、というのは錨が岸からかなり離れたところの深いところに下ろされていたからである。

ぼくは即ボートに乗ってそこまで漕いでもらって事情を知ろうとした。救命ボートが川に音を立てて下ろされた。ぼくは数人の船員と乗り組み、タンカーに向かった。後になって日本の水兵は、自分たちの軍艦は常に沿岸から離れて停泊せねばならず、士官だけが数隻のボートに乗ってバンコクに向かうのだと説明された。当時はぼくらにはそのことは知らされていなかった。

石油タンカーの乗組員は快くわれわれを受け入れた。ここでも水先人が来ない理由が分からなかった。ぼくらが一緒になってバンコクに無線連絡して分かったことは、この水域ではたった一人の水先人が活動しているだけということであった。しかもちょうどぼくらの船が到着する前に一隻の船を上流に向けて案内していたということである。往復で三日必要であった。従ってぼくらはそれだけ待たなければならなかった。何とも不愉快なことである。船の航行が多い水域において、なぜこのような信じられない怠惰《たいだ》が横行しているのだろうか。ぼくはとりあえず日本の大使館に電報を打ち、ぼくらが河口にいること、無事で健康でいることを告げた。でも心配がなくなったわけではなかった。港湾当局にぼくは今一度、水先人をすぐに送るよう懇請《こんせい》した。

タンカーでは他の謎も解明できた。一般的に水先人は見た目きれいな白い家に住んでいるのではなく、彼らは古くいたんだ老朽船に住んでいるのだ。以前は見た目が白かったのだった。そういうことはあり得た。今はこの白い色は部分的になっているけれど、白が彼らの好みの色には変わりはない。現在の白い家は灯台で、一種の警告灯である。ぼくらはそれに向かって進んだ。これらのことはぼくらにとってはちょっとした誤解であった。

停泊期間は速やかに過ぎた。災難のために、おろそかにしていたことが一杯あった。日記は書かなければならなかったし、手紙も書き、ズボンも繕《つくろ》わねばならなかった。細かいことが山とあったのだ。

水先人がやって来たとき、ぼくらが経験した冒険の話をする気はなかった。予期せぬ出来事のことは口外されることはなかった。

でもお世話になった人には感謝を述べたいと思う。

第十三章　白象の国

バンコクはインドシナ半島の中部地方を占めるシャム（注：現在のタイ）の新しい首都である。シャムはフランス人やイギリス人らによる植民地拡張時代に、今日の地域をつくりあげた。古都アユタヤはバンコクの北七〇キロのところにあり、メナム川に面している。ところでシャムとは一つの名称で、シャム人は決してその名を口にしない。住民は自分たちの国をサヤムとかムアン・タイとかいう。外国人がシャムというのである。

どの国も一つや二つのすてきな呼び名を持っているものだ。アイルランドは赤毛の人の国、インドは蛇使いの国といった具合である。シャムは一貫して黄色の僧服の国である。黄色の僧服とは仏教徒が着用する色鮮やかな衣服のことである。ムアン・タイの名は翻訳すれば自由の国の意味である。世界地図の専門家によれば、シャムの第三番目の呼称は白象の国である。白象は人民が最近になって国外に追放した国王の象徴であった。国王はたまたま内乱が起こった時、不在であった。この内乱のせいで今まで国旗の中で美しく、品位のある姿を見せていたこの国の象徴、白象との縁が絶たれたのである。白象の国という呼称は時代遅れだが、ぼくは美しいと思う。だからこの章の題名にしたのだ。それはともかくシャムには数多くの象がいるが、南の地域では相当の数が絶滅してしまっている。北部では群れをつくって昔からの小道に分け入り、原生林や牧草地で生活している。

ぼくら日本人は歴史的にシャムと密接な関係を持っている。数百年前、日本のサムライたちは各地域の戦争で重要な役割を果たしてきた。勇敢なサムライ、山田長政の名はその頂点に立っている。前章で説明したが、日本のサムライは十六、十七世紀に商人として、また海賊として東アジア全域で活動していた。彼らの船はすべての海岸や海洋を航行し、あらゆる港に錨を下ろした。中世は日本にとって、大いに貿易が栄えた時代であった。残念なことだが、その原因となったのは広い視野に立った国策上の理由ではなく、不幸な日本国内の内乱にあった。数え切れないほどの人が日本を去ったのである。シャムにやって来てそこに定着したのは無能な人たちではなかった。彼らは間もなく、首都アユタヤの広大な都市の一部に住み着いた。もし宮廷内の血なまぐさい争いがなかったなら、アユタヤはシャムの中でもとても美しい街となり、その遺跡はどの街にも村にも残っていたであろう。シャムの領主たちは互いに戦った。新たな戦争の巻き添えを食うのはいつも人民であった。領主同士の争乱が国や人民を破滅に追い込んだのである。日本のサムライは戦場ですぐに信頼できる勇敢な軍隊であることを証明した。国王は彼らの有能さを称え、国王の親衛隊として雇い入れたが、間もなくすべての国王の軍隊がサムライで構成されるようになった。

これらの軍隊から何人かの日本人が国家の高級官僚に任命され、国王の側近グループに加わるまでになった。国王の地位は再び力強いものとなり、絶対的なものとなった。国王の名はソンタムといった。賢明で視野の広い君主であった。シャムの最初の国王として彼は他の強国と通商を始めた。ヨーロッパの貿易商人とも取引を始めたが、これは間もなく活発な取引に発展した。英国の東インド会社はこの時期のアユタヤに、二つの大きな在外支店を開設したのである。

ソンタム国王は山田長政をシャム国軍隊の筆頭将軍に任命した後、間もなく三十八歳で亡くなった。その死は突然で国民は深く同情した。彼の死去に続いて新たな戦闘が始まっていた。国王の長男は父の腹心の部下であったピア・カラホムに支持されて政権を握った。国王の死については疑問が残った。公然の秘密であったが、ピア・カラホムが殺したのであった。自ら国家の頂点に立つためであったが、彼はこの願望を長い間抱いていた。数多くの支援者たちを統率して、彼は若き国王の宮殿を襲い、抵抗しようとするすべての者を打ち倒した。国王は土壇場で逃亡し、ある寺院に保護を求めて身をひそませた。追っ手は神聖な場所をわきまえず、彼を見つけて逮捕した。ピア・カラホムは寺院の前であることも臆《おく》せず、彼の母と一緒に首を刎《は》ねさせた。若き国王は以前に、功名心の強い彼の犯罪的な意図を訴え、その裁判の場でピア・カラホムによる父毒殺にも言及しようとの機会をうかがっていた。この訴えの信憑性《しんぴょうせい》については疑う余地がない。というのも殺人者は自分の恐ろしい考えを徐々に明らかにしてきたからである。彼は王家から、しかも考えられる最も汚い手段で王位を奪い取ろうとしたのである。先ず父国王、続いて息子、しかも単純で残酷な方法を使ってである。

さて、山田長政は介入し、ピア・カラホムに十歳になる正統な嗣子《しし》を王位に据えるよう要求した。カラホムは一度は妥協したが、山田を追い払う一計を案じた。彼にしてみれば、自分の計画を妨げる危険な敵であることは間違いないからである。遠く離れた地方にある反乱が起こった時、山田はカラホムに督促《とくそく》されて鎮圧を命じられ、同時にその地方長官に任じられた。そうすることでカラホムにとって厄介払《やっかいばら》いができたのである。山田は反乱を鎮《しず》め長官となったが、一方でカラホムは新しい王位の後継者を処刑させたのであった。山田にとって派遣された地方で統治をすることは容易でなく、常に戦場に赴《おもむ》かなければならなかった。敵との交戦で彼は負傷した。彼の召使いの一人は薬に毒をひそませ、偉大で功績があり、真のサムライであった彼の命を絶ったのであった。暗殺したのはピア・カラホムに金で雇われた者だった。

彼の息子、山田オインはその地方で最後まで仕事をやり遂げ、長い間不在にしていたカンボジアに戻った。予期せぬことだが彼はその首都で、数多い日本人の指導者的存在となった。

ピア・カラホムにとって、事態は楽観を許すものではなかった。危険な日本人が彼のそばにいることは気持ちのいいものではなかった。彼は中途半端を嫌い、日本人すべてを一掃する計画を抱いた。計画は用意周到に準備され、ある晩、高潮の時に彼は軍勢を率いて日本人の居住地区を襲い、沢山の日本人を殺害した。その際、女性も子どもも容赦はしなかった。この行動はいかにも何度も人を殺してきたピア・カラホムらしいものであった。

しかし彼はすべての日本人を打ち倒すことはできなかった。大部分は徒歩で、さらにボートを使って海に逃げた。彼は後を追わせた。今、ぼくらがベテランの水先人の案内で川をのぼっているが、このメナム川で執拗な戦闘が行われたのであった。退却する背後を守る日本人の後衛部隊は徹底して抗戦した。それ以外の者は逃げおおせることができたのであった。

三百年前に、この場所で日本人を巻き込んだ戦いがあったのだ。ぼくは数年前に読んだ本の、当時のあの恐ろしい戦いの光景をまざまざと思い出さざるを得なかった。今日メナム川は静かにとうとうと流れていて、当時を思い起こさせるものは何もない。ヨーロッパ人にとって山田は、十六世紀の中頃にイタリア人を父に持ちシャムの政府高官となった冒険家、コンスタンティン・フォールコンを思い起こさせるであろう。

バンコクと海岸との中間にパクナムという地域がある。夜ぼくらはここに着き、迎えに来た多くの日本人に歓迎された。不必要な不安を煽《あお》ることがないよう、彼らには砂州で座《ざ》礁《しょう》したことは黙っていた。地元の人びとはその日の計画を棚上げして、ぼくらが滞在中に少しでも多くのことを経験できるように配慮してくれた。港湾職員が特別に来てくれたので、旅券の検査や健康診断などは夜のうちに済ますことが出来た。遅くなったが、ぼくらにとってはとても必要な休息をとることができた。二日間というもの、ほとんど睡眠がとれていなかったのである。

予期せぬいやなことに出くわさないことを願うのは、他国を訪問する者にとっては当然である。ところがこの夜、蚊が突然ものすごい勢いでブンブンと音をだしてぼくらに襲いかかり、ぼくらは夜通し追いかけまわされるはめになった。暗闇の中で蚊をののしる声、肌がでた部分をパチンと叩く音、それに苦しいため息が絶えず聞こえてきた。蚊の大群を前にして蚊帳《かや》はほとんど役にたたない。ぼくらは病気を運ぶ蚊の性質を知っているので、なおさら想像の中で恐怖がふくらんだ。刺された者はすぐに死が訪れるのではないかと心配するのである。一度でも怒ったスズメバチに出くわした者は、集中して根気よく防衛しようとしても無駄であるのと似ている。朝の太陽の光がこの難儀《なんぎ》から解放してくれた。夜の蚊の攻撃に対する怒りと不快さで前よりひどく眠気が残った。

すでに六時頃、バンコクから少年団を乗せた汽船が下ってきた。それはぼくらを迎え入れるために借りてくれたものだった。何百人ものシャム人の少年団リーダーたちが乗っていた。彼らは大声でにこやかにぼくらに挨拶した。それで疲れが吹き飛び、楽しく愉快な気分になった。代表団がぼくらの船にやって来た。それからぼくらはバンコクへ、その不思議な街へと向かった。伴走する船の甲板の音楽隊が軽快なマーチを演奏し始めた。別な船団が近くに来て、ぼくらに加わった。規模は小さいけれど、もったいないほどの凱旋《がいせん》行進であった。川岸には地元の人びとがシャムや日本の国旗を振り、川沿いを長く縁取っていた。みんなが叫んではしゃいでいたので色鮮やかな鳥たちは驚いて飛び立ち、逃げるように遠くに消えて行った。バンコクが見えてきた。大きな橋の下をくぐり、街に面して停泊した。橋の上にも大勢の少年団たちが立って旗や三角旗を振っていた。強く振ったのでいくつかは破れてしまって川に落ちてしまい、色とりどりの小さな花が咲いたようになった。

ぼくたちが渡った橋は通常は通れない橋であった。特別な配慮がされたのである。外交使節団ではなかったのに、ぼくらの訪問に意義を認めているのだ。若者同士は儀式ばったことに巨費を投じて交渉する高級官吏などよりも、よりよく、速やかに理解し合えるのである。

停泊したのは昼頃だった。ちょうどぼくたちの前に、堂々とした仏教寺院がそびえ立っていた。ワット・チャンというこの寺は、美しい街に入ってからの印象的な終着点であった。

バンコクはシャム王国の旧都、アユタヤよりかなり大きな街であり、大勢の少年団が歓迎してくれた。シャムではほとんどすべての男の若者たちが少年団に加盟していて、国王は名誉総裁である。ちょうどこの時、国王はヨーロッパに滞在中で摂政《せっしょう》が代理を務めていた。摂政は和爾丸が来ることに強い関心を示し、ぼくらを宮殿へ招待した。今回の航海にとっては大変な名誉であった。この機会にぼくらは摂政にささやかではあるが、特別に美しいいくつかの羽子板を贈った。それはことのほか彼を喜ばせた。羽子板は木でできたラケットであるが、その上には色鮮やかな着物を着た人形が飾られている。羽子板には小さな木球に羽根が付いたものが用意されている。気持ちよく羽根を叩くとそれがパラシュートのように相手方にふわふわと落ち、それがまた羽子板で打ち返される。そのくり返しである。この遊びを羽根つきというが、日本の七日間の新年の祝いによく行われ、大人と子どもが仲良くそれで遊ぶ。何度も羽根が行ったり来たりするこの遊びはどの空き地でも、どの道端でも見ることができる。この遊んで楽しい、とてもきれいで気品のある遊具は贈り物としてとてもふさわしいものであった。

ところでぼくらはこの歓迎会のために、いくつかのきれいなお土産を持参していた。それは公式行事の際に長官たちに渡すものであった。

歓迎会の後では説明しきれないほどさまざまなことが起こった。高級官僚が文字通りぼくらの周りに押し寄せた。一日に何度もぼくらはいろいろな所で招待を受けた。それに加えて少年団との盛大な交歓会もあった。バンコクの街全体が待望の楽しいお祭りで包まれた。時間はあっという間に過ぎ去った。

その国の代表的な料理を味わうことでその国民をよく知ることができる、とは古くから言われていることである。沢山の歓迎会の席で祝いの料理が提供されたが、ぼくらにはいろいろなことを教えてくれた。食事の席ではどの料理もお断りしないのがマナーである。最初の食事の際に、この良き習慣に背《そむ》き、何人かの友人を不快にさせてしまった。食卓に供された料理のいくつかはどうしても口に合わなかったのだ。見かけは美味しそうで、栄養たっぷりであったのだけれど、口に入れると奇妙なはっきりしない味がしたのである。気分すら悪くなった。ぼくは具合の悪さを何とか辛抱したが、他の人はそうは行かなかった。悲しそうな表情をしたり顔をしかめたりしたが、それを表現するのは心苦しいものがあった。この好意のこもった食事の席で、礼儀を守ることは簡単なことではなかった。

ぼくらの猫、マスコットはもちろん一緒にバンコクにやって来た。ぼくらの健康が好転したことを態度で喜んで示した。マスコットは祝宴に参加する必要がなかったが、ぼくらの胃が祝宴の席で危険にさらされるのを気にかけていた。マスコットは毛づくろいし、尻尾を立てて船のデッキの上をわが者顔で一日中歩いていた。それは見る者にとっては喜びであり、楽しみでもあった。自分に敬意を表し、時々舌を突きだし、後ろ足でひげを掻《か》いたりする。マスコットは自分は気品があると思っていて、動物の中で唯一の同伴者だと思っている。和爾丸航海のマスコットといわんばかりである。

でもそれもマスコットがある人に見出されるまでのことであった。アメリカでよくある映画会社ではなく、バンコクの一人の少年団員であった。彼はどうしてもマスコットが欲しくなった。彼の生まれは日本であった。ぼくらは彼とある交換をした。マスコットはぼくらのバンコク訪問の鮮やかな思い出としてここに残り、引き換えにぼくらは素晴らしく美しいシャム猫を手に入れたのである。この猫は世界でも有名でとても高価である。毛は柔らかくむくむくとしていて、きらめくような素敵なエメラルド色の目をしている。これからはシャム人から、〝サホコ〟と呼ばれるマスコットは、悲しそうな目をしてぼくらと別れた。ぼくらはシャム猫を受け取ったが、日本に帰ったらシャムの思い出としてこの猫を秩父宮皇子に差し上げようと決めた。

この新参のマスコットは最初の航海では調子が余り良くなかった。他の餌に慣れていて、日本の餌を食べられなかったのである。苦労と忍耐の末にやっとこの猫の口に合う餌を見つけることができた。それから新しいマスコットは船酔いにかかり、死ぬのではないかと心配した。それだけにこの猫が一晩かけて全部で五匹の子どもを産んだのを発見した時はとても驚いた。この美しい動物が子どもを産むなんて知らなかったし、死産でなかったので、この何匹ものシャム猫を日本に持ち帰ることになろうとは思いもよらなかった。慣れない船の揺れでマスコットは早産したのだ。でも親猫はすぐに元気を取り戻した。ぼくらはバンコクの生き証人としてマスコットを健康な状態で東京に持ち帰るのだ。

滞在の三日目、アユタヤに向かった。そこでは三百年前に破壊された日本町を訪ねる計画であった。

シャムが保有する数少ない鉄道路線の一つを使って列車で行った。前にも言ったように、バンコクから七〇キロ離れている。両側に田んぼが見えた。水に浸かっていて緑色の竹の林で隔《へだ》てられていたが、竹の上には高くて細いヤシの木が突き出ていた。家畜用の囲いのような小屋がある入植地のかたわらを通過して行く。野原では赤茶色の、がっしりした水牛がぬかるみの中をわずかばかりの餌を求めて歩いている。東アジアの牛はドイツのように白黒模様や茶と白のまだら模様ではなく、ほとんどが赤茶色でとても小ぶりでずんぐりしている。

駅の近くにはゴムの木の栽培地や御柳《ぎょりゅう》、それにライラックが開花の時期を迎えていた。雄鳥《おんどり》のとさかがぼくらに色鮮やかに挨拶をする。枝分かれの多い運河には白い蓮の花が咲いていた。ワニの姿が見えないので安心である。虎やそれに類する猛獣はもっと奥地に生息しているようである。

アユタヤに到着した。かつての繁栄の面影はない。イタリアのベニスのように川の運河が道路の役割を果たしていて、移動はすべてボートで用が足される。住居となっている小屋の間に崩れ落ちた仏教寺院の廃墟が残っている。偉大な過去に対する悲しい思い出である。関心を惹《ひ》きつけるものはない。ぼくらはかつての城塞《じょうさい》の廃墟《はいきょ》を見学した。

日本町の残骸《ざんがい》は川のほとりにあった。雑草が生い茂った灌木《かんぼく》林の中に二三の煉瓦《れんが》が積み重なっていた。かつての壮観さを示すものはそれ以上何も残っていなかった。

ぼくらの訪問には特別な目的があった。バンコク大使館のお世話でわずかばかりの土地を購入しており、そこに持参したささやかな記念碑を建てたのである。アユタヤの日本人に対する記念である。それからぼくらは街を後にした。

思いにふけりながら、列車で戻った。バンコクでは着ていた当初の制服を着替えた。ひどい暑さで、衣類が汗でびっしょり濡れていた。太陽が体の調子を悪くさせたが、ぼく自身は幸いなことに大丈夫であった。今までの任務でもぼくは頑張り通せた。運が悪いと言うことはほとんどなく、船酔いに一度もかからなかったのはぼく一人だけだった。それは事実だけれども、理由は自分でもわからない。ぼくの胃はそれほど抵抗力があるわけではなく、時には具合が悪くなることはあるのだけれど、高波の海でも今まで何ともなかったのである。

バンコクではたくさん見たり聞いたりすることがあった。少年団は野外劇場での観劇を楽しんだ。それはハラハラさせるもので、ぼくらは興味を持ってその演技を見た。涼しい風がぼくらに向かって吹いてくる。空の高みに三日月が見え、世界をしっかり見守っているようである。

黄色の僧服も見かけた。ローマや司教のおられる大都市の街角でカトリックの司祭をよく見かけるように、シャムでは僧侶にしばしば出会う。

別れの時が来た。和爾丸の帆を張る仕事が、ぼくらにいつもの任務を思い起こさせた。仏教寺院のドームが新たなこれからの冒険の始まりとなった。

第十四章　南方を指す針

多くの地元の人たちと、少年団全員がまた港にやって来た。現地の船に乗った乗組員たちはデッキで隊列を組んだ。ぼくらも一張羅《いっちょうら》の制服を着込んでデッキに立った。ぼくらのトランペット奏者が前に立った。

和爾丸は動き始めた。出港の号令、合図、敬礼と続く。トランペット奏者が小さな港に、そして見とれて耳をそばだてている多くの人たちの方に向かって、響き渡るように国歌を演奏した。すべるように大きな橋の下をくぐると、多くの船に出会い、皆が挨拶をした。中にはシャム国の戦艦も何隻かあったが、特別な儀式にならってぼくらと相互に国旗を上げ下ろしして挨拶をした。出港は荘重な出来事であった。バンコクの人たちや少年団はぼくらの訪問を喜んでくれたし、ぼくらの気持ちも同じであった。この日々のことは決して忘れはしないだろう。ぼくは外国の親しい友達たちの手に残してきた猫のマスコットのことを思った。また祝宴の料理と気まずい思いをさせてしまったことを思い出した。摂政《せっしょう》はぼくらをもてなしてくれ、報道関係者のおかげでぼくらの感激は高まり、シャム国や人びとに対する喜びを強く持つことが出来た。

今やすべてが終わった。岸壁に人が集まって温かく手を振っていた。バンコクでの祝典について、彼らはぼくらの噂しか聞いていなかった。でも今、彼らはアユタヤの日本居留民たちのために記念碑を建てた有名な日本少年団を見たのである。

面倒な一時の停泊であったが、税関のあるパクナムを通過した。水先人と別れを告げ、老船和爾丸は何が起こるか分からない大洋との喜びの再会を祝したのである。

マレー半島に沿って南方のシンガポールに向かった。航海は天候に恵まれた。すべての帆が風を受けてぱんぱんに張り、船首は海を切り裂くように進んだ。ぼくらはデッキで自由時間を心ゆくまで日向ぼっこをして楽しんだ。

シンガポールは東のジブラルタルで、東アジア地域の航海において非常に重要な役割を果たしている。ぼくには、潮の満ち引きのように世界のもっとも重要で興味のある出来事をこの街が語っているように見える。乗組員の一人として、ぼくは港をどうしても船乗りの目線でしか見ることができない。この百年の間にここに錨を下ろし、国の発展に精一杯の努力をした、そのような船乗りたちと関わり始めたのだ。それは今ぼくらの前に横たわっている近代的な英国の戦艦から始まり、遡《さかのぼ》ってこの水域での航海が始まった時まで及んでいる。今日と当時とにおいて、船を海に送り出して栄えさせ、一方で滅亡させるその力の差は何なのか。ぼくらの帆船と、あちらに見える近代的な原油エンジンを搭載した戦艦とは、この変化の中で重要な里程標《りていひょう》なのである。

当初、組織だった航海には宗教団体が関与していた。それは仏教である。その教義は国際的な性格を持ち国境や民族を超えていた。交流は海を越え、教義を伝える者の後を商人が追い、またその逆もあった。極東における国際的な商取引にはさまざまの形態を伴った。そのことについて仏教文学がその多くの作品において詳しく記述している。

これらの出典が伝えるところによると、インドの船はすでに紀元前六百年前に七〇〇人もの人を乗せて運ぶことができたそうである。このような人数は平和の時代の今日にあっては中型の帆船にあてはまる。またこれらの船は国境を越えて押し寄せた移民たちで恐らく常に満杯であったようである。

舵と帆だけが前進するための唯一の手段であった。当時の書き物はどのようにして帆が張られたか、そして暴風の前触れである〝水平線上の灰色の雲〟について述べている。それによって帆綱を調節したりするのである。

ぼくらが危険に陥《おちい》りそうになったように、彼らの船が台風に巻き込まれたらどんな具合になっていたのだろうか。犠牲者の数は永久に分からないであろう。海は沈黙を守る。台風はさらに荒れ狂い、その暴挙に終わりはない。このような暴風は常に起こり、その怖さはいつも変わらない。船乗りは自然の脅威に対して全く無力である。だからこそ彼らは陽が照っているときだけ、または明るい澄んだ夜だけ航海するのである。彼らはモンスーン気候が規則正しいことを信じていて、どんよりした天気が間違いなく暴風がやってくる兆《ちょう》候《こう》であると考えているのである。

良い海図が出来るまでには時間がかかる、そこではいつも水深は測らねばならなかった。というのは海底の深さの違いは船の揺れに影響を与えるし、突然岩礁に乗り上げてしまうことがあるからだ。航海の器具はおかしなものが使われた。錨の先端部分のショベルは表面の砂をすくい、そしてにおいで海底の状態を理解できればと望んでいたのだ。こういった事実は冗談のように聞こえるかもしれない。しかし仏典はそのことについて詳細にしかも説得力をもって述べているのである。

情報の伝達は伝書鳩によって行われた。どの船もいつも何羽かの伝書鳩を持ち込んでいたが、必要で大切な情報を得たいときに飛ばされた。驚くほど単純だが、ロマンチックな方法である。

別な箇所にはこう書かれている。〝航海することは危険であるが、祈り、天を仰ぐと必ず助けてくれるのだ。〟この言葉から、盗賊伝説がわれわれに話して聞かせようとするように、アジアの航海の何か違った姿が思い浮かぶのである。ぼくらはよくキリスト信者の船乗りたちのことを考える。例えばイタリアのように、今日もなお帆にキリストのシンボルを描いているが、それは自分が無力であることを知っているからなのだ。希望を天に、そう天にのみ求めることで自らが強くなることを知っているのである。

〝南方を指す針〟と中国人が呼んでいた羅針盤《らしんばん》はようやっと十二世紀になって書物に記述が見られるようになる。しかしインド人たちはさらに早い時期に航海の道具をつくり、利用していたらしいのである。

シンガポール沖を通るインド洋マレー水域の最初の航海のことが、一人の中国人僧侶、法顕《ほっけん》の手記によって書き残されている。法顕はこの航海を五世紀に行っている。彼の航海日数は長く、彼を乗せた船は恐ろしい暴風に見舞われ、しかもまるまる十三日間休むことなく続いた。彼は言い残している。〝海はどこまでも続いている。東と西、そして北と南との区別がつかない。ただ太陽、月そして星だけが手がかりを与えてくれて、その方角でかろうじて進む先が分かるのである。雲のかかった空、しかも雨が降っている中で、私たちが進む方角も知らぬままに、船はあちこちに運ばれる。私たちは運を天に任せるしかなかった。〟

〝夜が来て、暗闇が辺りを包む頃、舵のことなど考えられなかった。何も見えなかった。ぶつかっては互いに砕け散る波の音が聞こえるだけである。波頭に炎のように光るものが見え、その向こうに大きなカメやトドそれに薄気味悪い深海の怪獣たちを見た気がする。私たちはどの航路にいるのか、方角はどうなっているのか、海の深さはどのくらいなのか、さっぱり分からなかった。〟

そのような日々を送って、船乗りたちは勇気を失った。彼らは絶望してわが身や船を運命に任せる。海が底知れないほど深いので、彼らは扱いづらい石でできた錨を投げることすら出来ない。どこに陸地があるのか、近いのか遠いのか、誰も何も言えない。空と水平線はもやに覆われて区別がつかず、薄気味悪い光景が彼らの魂にのしかかってくる。

ひとたび太陽の光が混沌《こんとん》とした、荒れる天候の中から差し込めば、彼らは新たな希望に勇気づく。そしてかつての信仰が戻ってくるのだ。働くことに再び意味が戻ってきて、何倍もの情熱を仕事に捧げる。方角は羅針盤で示される。すべての帆が張られた。海は孤独な男たちの心のように微笑み喜んでいる。いやな敵は水中の岩礁である。ギザギザの歯で船に食らいつき、船の空っぽの腹を突き刺すのだ。こうなったら逃れる術はない。

当時、また今日でもある一部の地域において、船乗りたちは僧侶が同船していることの不幸について書き残している。何ともおかしな理解出来ない迷信である。うっかり間違えば法顕はそのような迷信の犠牲になったかも知れなかった。運命の先行きの見通しが立たなくて不安に駆られたとき、何度も船乗りたちはこの僧侶を海に放り投げようとしたのである。苦心してこの運命をのりこえたが、彼の手記によればこれは幸運のたまものであった。

シンガポールからそう遠く離れていないところでクジラを発見した。この海域ではしばしば見られるのである。遠くからでも分かるくらいに、鼻から水の噴水を空高く上げている。昔はクジラのことを竜と考えて、竜涎香《りゅうぜんこう》の噴水と名付けた。意味するところは竜の涎《よだれ》である。スマトラ島の西に今でもこの名を冠する島があるが、この島の付近でクジラがしばしばデートをするのでその名がついたのである。

最初のヨーロッパ人はマラッカ海峡に十六世紀に現れた。原住民からは〃赤ら顔の野蛮人〃と呼ばれた。ポルトガル人とスペイン人とが最初で、オランダ人とイギリス人が後に続いた。当時はスペインとポルトガルが世界を二分していた。ローマ教皇は教書で決定を下し、地球の東半分をポルトガルに、西半分をスペインにその帰属を認めている。（注：教皇アレクサンデル六世による教皇子午線をさす）一四九三年のことであった。根拠となったのはポルトガル人が喜望峰《きぼうほう》を回ったこと、そしてスペインの援助を受けてコロンブスがアメリカを発見したことであった。しかしスペイン人は協定をきちんと守らず東方にも興味を抱いたのだった。特に彼らは常にインドへの到達を求めていた。アメリカを発見したのも同じ動機からだった。そのようなわけでコロンブスが最初に到達した地域が西インドと呼ばれるようになったのである。

スペイン人は南アメリカ大陸を迂回してアジア海域に出た。彼らの主たる関心はフィリピンであった。

これらのことはシンガポール港のとても興味ある歴史物語の一つのお話に過ぎない。変化に富んだ地域の発展を紹介していても、ちっとも疲れを感じない。呼吸がとまるくらいに不思議で、またワクワクするものなのでキャンプファイアの夕べくらいではとてもすべてを語ることはできないのだ。ああ、世界は何と素晴らしいことだろうか。

シンガポールで活動した日本人の中には、どのような人がいたのであろうか。なんと数多くの活躍の舞台があったことか。彼らは漁師、鉱山労働者、農場主、農民そして商人であったりした。彼らは自分たちの子どもを教える独自の日本人学校を持っていた。

それに似たものをドイツ人は東京や横浜につくった。ぼくの実家がある東京の大森の近くにはドイツ語学校が建っていて、そこでは約八〇人のドイツ人の子どもたちが授業を受けている。この子供たちの多くと町界隈《まちかいわい》でよく出会うが、両親はドイツ生まれであるが彼らは日本で生まれ祖国を見たことがない。両親と政府が運営しているこの学校は子供たちにドイツの風俗習慣を学ばせている。西洋を遠く離れて、韓国や満州、シベリア、ロシアそしてポーランドのドイツ人学校で学ぶ子供たちと同じである。子どもたちは同じ歌を歌い同じ冗談を飛ばす。クリスマスにもなれば彼らは〝ステイル　ナハト、ハイリガ　ナハト〟と歌うのである。

東京にはドイツのパンや肉を売る店があり、興味津々の日本人が多く訪れる。ぼくらはアイスバイン(注：塩漬けにした豚の脚肉)とか砂糖をまぶしたワッフル、それによく焼き上がったゼンメル(注：丸い小型のパン)をドイツ人の客に混じって平らげる。東京にはまたドイツレストランがある。遠くスエズ運河や上海経由で日本に運ばれてくるので、値段は若干高いが、そこでは本場のジョッキでうまいビールを飲むことができるのだ。

同じようにシンガポールでは日本人が故国の食材を用意して日本料理店を開いている。また東京にいるかのような、独特な日本人町がある。日本人はご飯やお箸が用意されると満足して食事が進むのである。

英国の少年団のほかに日本人の少年団もいて、彼らから大きな声で挨拶された。シンガポールでは満足の行く時間を十分に過ごすことができた。間違いなくそう言えると思う。

第十五章　シンガポール上陸

ぼくらはボートで出かける前に、団長から夕刻には時間を厳守して船に戻るようにとの厳しい命令を受けた。反論せずに従わねばならなかった。まず規律である。ここ熱帯地方では待ち望む空気の冷え込みはようやっと夜にやってくる。デッキの上であれ、下であれ、街でも家の中でも日中の焼け付くような暑さは尋常ではない。外出許可時間は深夜まで、いやそれよりも遅く一時か二時まで延長された。シンガポールでは宿直を除くすべての団員たちが郊外に行く。夜になってボートに乗ってまた船に戻ってくるのは辛いものだ。とりわけ船室のこもった暑さといったら耐えられるものではない。仮にうとうとしても眠れない。玉のような汗が額に流れ、すべての毛穴から汗が吹き出た。

デッキはまだましであったかもしれなかった。しかし初又船長はそうは考えていなかったし、ぼくらは彼の考えに根拠があることが分かっていた。涼しい海風のなかで夜うたた寝すると、ひどい冷えを引き起こすのだ。そして多くの船乗りたちがもだえるように苦しんで倒れてしまうのである。気が付く前に肺がやられてしまい、死を招くことすらあるのだ。なにやら地獄のようなものがぼくらに襲いかかってくるのであった。原団長の指示は正しかった。それが余り船乗りらしからぬものであったかも知れないが、ぼくらは納得し

シンガポール

たのである。

地元民の間で宿泊についてちょっとしたアンケートが行われた。少年団の中から一人と二人一緒と、どちらが引き受けやすいかというものであった。どの家庭も何人でも引き受けたいということであった。宿泊所の問題はすぐに解決した。場合によっては二人が一緒、または三人一緒というのもあった。それで楽しくなることもあった。ぼくら日本人は床の上に布団を敷いて寝ることに慣れていて、ベッドというものを知らない。モーターのうなる音や波の揺れがないのだから、どれだけすやすやと眠れることだろうか。鋸《のこぎり》で切るような音をだしていびきをかく人もいない。素晴らしいひとときである。

ぼくらは半分陸《おか》に住む人間になった。たまりにたまった疲労で倒れてしまったら、どうなってしまうのだろうか。これからはこの宿泊のやり方を選ぶことになるだろう。

シンガポールの軍港に英国国旗がたなびいている。和爾丸からも岸壁に建つ記念碑を見ることができた。それは街との関わりを示しているのに違いなかった。ぼくはその立像の由来を探ってみようと決めた。そして次のことがわかったのである。その立像はトーマス＝スタンフォード＝ラッフルズ卿であった。彼は船長の息子として船内で生まれ、十四歳からロンドンの東インド会社の見習いとして働いた。十年後にその会社の事務次長としてマレーのペナンに派遣された。彼は余暇を利用して懸命にマレーの風俗習慣を学び、その国を徹底的に知り、マレー語に関する重要な、広範な知識を獲得した。自分でも気がつくことなく、彼は自分の輝く経歴の準備をしたのであった。インド総督ミント卿は一八一一年に彼をジャワに連れて行き、彼はそこで間もなく副長官になった。五年間、彼はこの島にとどまった。誰もが彼の抜群の知識と能力を認めた。彼の伴侶は一八一四年に亡くなったが、彼女の記念碑はバタビア近くに建っている。ぼくらは後日、そこを訪問した。一八一六年にジャワはオランダが領有するところとなったが、ラッフルズ卿はロンドンに帰国した。彼は途中、セント＝ヘレナ島に立ち寄り、囚われの身となっていたナポレオンを訪ねた。彼とは世界情勢、とりわけ極東の発展の可能性や必要な条件などについてじっくり話し合った。一八一七年にはラッフルズ卿はスマトラの総督になった。彼にとっては一つのことが明白になった。それは英国がマレー海峡において、確固とした安全な足場を築かねばならないということだった。費用がいくらかかろうが、この計画を遂行することを彼は堅く決心したのであった。

彼の計画は上司であったインド総督の理解を得た。一八一九年、彼はシンガポールの地に英国国旗を立て、意思表示として港を築いた。これは国の力の確保と支配のための、極東における最も重要な英国の行動であった。

彼は四十五歳の若さで亡くなったが、彼が英国に持ち帰ろうとして集めた貴重な熱帯植物は船火事によって焼失した。

死後八十年、彼はイギリス・ロンドンのウェストミンスター寺院で顕彰《けんしょう》され、シンガポールではブロンズの像が建てられた。ぼくらはそれを和爾丸から見ることが出来たのである。

第十六章　少年の日記より

シンガポールには長くとどまらなかった。和爾丸はたくさんの島の間を縫《ぬ》って東の方へ向かった。この航路については少年団員の一人が日記に次のように記している。

「太陽が今しがた沈み、残照が海面に投じている。その深紅色の光は太陽が沈んだところにしばらく残っていた。涼風が吹く中、この夕暮れ時の美しさは例えようがなかった。ぼくらは夕食をすませていた。ぼくはデッキに立ち、ほのかに光る海面を見ながら考え込んだ。雲一つない空から満天の星の輝きが降ってきて、白く、銀色の光をぼくらの顔にそそぐ。海は心が和む星座を抱いた天空のように穏やかである。ブリッジの側に二つの航海灯が設置された。船員なら誰でも知っている赤と緑の色である。見張りは間もなく交替してぼくらは休む。夜間航海の始まりである。」

「船は注意しながらゆっくり進む。熱帯地方の南洋の航海は素晴らしい。天候は申し分なく、満帆の帆も喜んでいるようだ。面白みのない、退屈なことは考えるな、海と空だけを見よ。ぼくらはいつも一緒だ、同じようなジョークを飛ばせ。その反対は気が滅入るだけだ。ぼくらは交替で舵を握りコンパスを見つめ、測定器で船の速度を読み、船の位置を

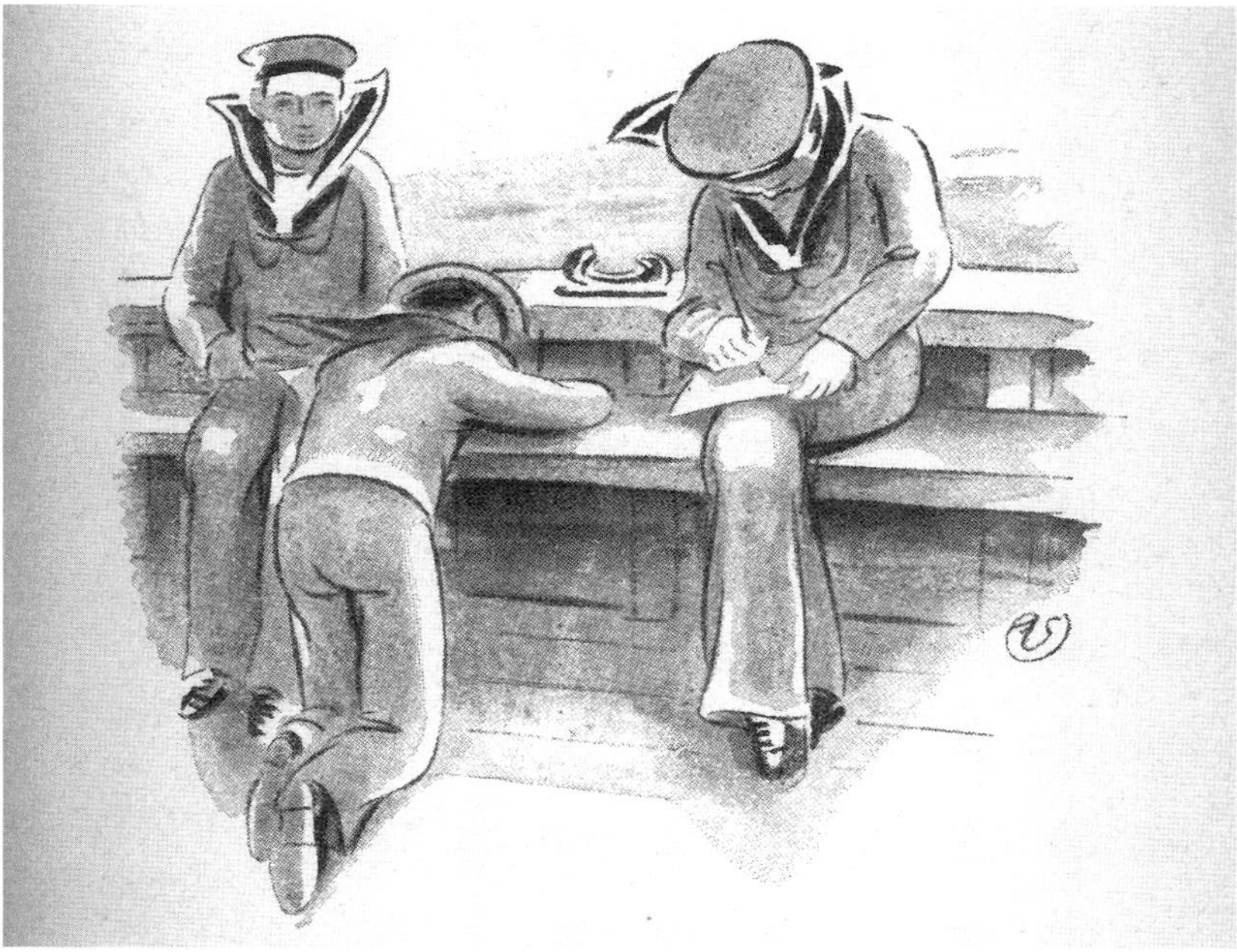

甲板にて

地図に記し、計器類を確認して気圧や気温を航海日誌に書き付ける。風の状態が良いときはマストに登り、そこで索具《さくぐ》の調整をする。帆が張るとゆるむので、とも綱やロープは時々締め直さなければならない。この仕事は楽でなく、曲芸師のような技量や逞《たくま》しい筋力が必要だ。うっかりすると落っこちてしまうが、格好いいものではない。陸地から見ればすべてが滑稽《こっけい》に見えるだろう。でも実際に自分が乗船してみたらいいのだ。滑稽さなどすぐに飛んでいってしまう。船乗りがどんなものなのか、分かるというものだ。

「船の下には地獄が待っている、とはぼくが何人もの人から聞いてきた言葉だ。もう少し慎重に表現して欲しい、そうでないといたたまれなくなってしまうのだ。どうしても理解できないのだ。このしっかりとした和爾丸ではあり得ないことだ。この船とは良い友達になり、日ごとにその友情は深まるばかりだ。あらゆる船板、横桁《よこげた》、すべてのマストやウインチはぼくらのためにその冷たい表皮を脱ぎ、息づいている。みんな独自の言葉で話しかけてくるが、ぼくらには少しずつわかるようになった。床ブラシや石けんでデッキをごしごし洗うと、一本一本の船板が分かるようになり、一夜明けて歩くと違った感触を覚える。和爾丸は今やもう練習船以上のものであり、信頼の置ける仲間である。多分世の中のすべてのものも、近くに寄って親しみを覚えるくらいにならないと、その本当の姿を知ることは出来ないのであろう。すべてのものにぼくらの魂の一部が入り込んでいるのだ。ここではうめくような痛みが、そこでは心に広がるような喜びが、いつか青年の疾風怒濤《しっぷうどとう》期と呼ぶ時が来るであろう。和爾丸の船上で今日まで何と美しく、忘れ得ない日々を送ってきたことであろうか。」

「デッキに立ち水平線を望む。ごく小さな不気味な黒い点が急に大きくなるのが見える。もうこぶし大の大きさである。どう言ったらいいのか、考えもなしに同じ方角を見ていると瞳にそう映るのだ。黒い固まりが広がり、山積みとなった石炭の上を巨大なクレーンが口を開けている。スコールがまたやって来た。突然の予期せぬ熱帯地方の雨である。幻想的な雲の形が天を覆うと、そこからざわざわと音をたてて雨が降ってきた。文字通りの滝のような雨である。」

「ぼくらは隠れもしない。雨に当たることは気持ちいいし、慰めである。和爾丸は小型船で浴室がない。ぼくらはいつも冷たくてきれいな風呂を望んでいた。さあ、今がその時だ。スコールがくる兆候が少しでも見えると、みんな衣類を全部脱ぎ、祈るように天の水門が開かれるのを待つのだった。少しの時間を利用して体に石けんを塗り、泡に包まれる。スコールはもうそこである。でも気分屋のスコールは脇にそれていなくなってしまう時がある。そんな時、ぼくらは石けん液に浸かったまま坐るだけである。スコールの行った方をあっけにとられて眺めるが、スコールはぼくらを見て笑っているかのようである。」

「スコールは激しくやって来たかと思うと、電光石火のように通り過ぎ去ってしまう。ざわざわというスコールの音が耳に残る。索具からはしずくが落ちる。洗われてきれいになった帆の上部を縁取るロープがぶら下がっている。それは東京でクリスマスの時期にヨーロッパ風レストランで見かけて感嘆するようなものである。今や頭上にはどこまでも広がる神々しい青空が広がっている。一体何だったのか。素晴らしい色彩の劇が目の前に展開している。それは無から作り出せる超人のなせる技だ。橋は虹であり、おとぎの国への、太古の伝説に入っていく入り口の橋である。その名は何というのか。昔女神の母は孫を地上に送った。孫が地上に降りると橋は消えてしまったという。」

「ぼくらのマスコットは自分なりにこのスコールを経験した。最初は怖がって逃げて行った。ぼくらがさっと捕まえて、ものすごい雨降る中しっかり抱いていたら、それ以降

スコールの水浴び

助けられたと思ったらしく、逃げることはなくなった。」

「今日は航海中にどのようにして魚を捕まえたかを話そう。海に一度でも出た者はたくさんの魚がいつも船の後をついてくることを知っている。時には大きな魚の場合、尾ひれが水面に現れることがある。または突然波が打ち寄せる音が聞こえたかと思うと、それがトビウオだったりする。何人かは大海蛇とかジュゴンを見たとかと言い張る。これら海の仲間たちを眺めるのは楽しいことだ。魚たちは大海原を航海する船乗りにとってはよき友達であり、いつでも歓迎である。しかしコックだけは自分なりの考えがあり、何でも捕まえればいいのだとは思っていない。多くの魚は食べられないものなのだ。」

「でも捕まえることが出来たなら、美味な食べものとなる魚もあった。捕まえさえすればよいのだ。でも未熟な者にとっては簡単なことではない。激しい労働の後、甲板で釣りをするのは気持ちのいい気分転換を意味した。ぼくらは好日を選んで釣りをし、美味しい食物を食べられるように努力した。ドイツには魚が食べられない人がいるそうだ。日本人にとっては考えられないことであろう。実際にそのような人をぼくは聞いたことがない。ぼくらは家で毎日魚を食べる。たいがいの料理は魚中心で、食事に魚とご飯があればそれだけで十分である。肉はごくたまにしか食べないし、ジャガイモもほとんど食べない。そんなわけだから、調理場のために新鮮な魚を捕まえてみる、こんなチャンスを逃したくなかったのだ。」

「ところでどうやって魚を捕まえるのか。船はひどく揺れるので当然ながら釣り棹《ざお》をもって手摺《てす》りのところでのんびりと糸を垂れるというわけにはいかない。他のやり方を考えなければならなかった。船乗りたちはその方法を知っていて、ぼくらに伝授してくれた。長くて丈夫な糸の先に鋭い釣り針をくくり付ける、それから布地でつくった餌をしっかり付ける。たらの擬似餌《ぎじえ》である。糸が海に投げられ、片方は手摺りにくくり付ける。糸はすぐにぴんと張り、餌がまとわりつく魚をおびき寄せる。糸の先には小さな鐘の形をしたものをくくりつけてある。」

「餌が魚をおびき寄せる。魚は食べたくて興奮し、ぱくりと食いつく。鐘が鳴る。鉤《かぎ》が魚のあごに食い込んでしっかりと離さないが、魚は暴れまくって自由になろうとする。ぼくらは船長のところに駆けて行き報告する。初又船長はエンジンをとめた。スピードが早いと糸が切れたり、魚のあごが引きちぎれてしまうおそれがあるのだ。」

「船が停船するなかで、釣りを続けた。実際は経験を積んだ船乗りたちがやるのだ。もがく魚を引き上げ、実際にデッキに並べるのは簡単なことだった。でも急いではいけない。ゆっくりと注意を払って引っ張らなくてはいけない。やっと捕れた魚は一メートルから二メートルもあって、人が浜辺でピシャピシャと音を立てながら引っ張り上げる小魚ではなかった。釣り糸に何を使ったらいいかも分からなかったし、餌に食いついた魚が何なのかも分からなかった。でもすごく大きな魚で、船板の上でバタバタと暴れていた。デッキはすぐに血で赤くなり、魚の唾液や鼻汁で滑りやすくなった。」

「一メートル余りの魚は乗組員全員にすばらしい昼食を提供した。ところでぼくら日本人は魚を生で食べ、皮を剥いだブロックを薄くスライスしたり、ぶつ切りにしたりする。この簡単な調理方法はコックも含めて全員が大好きである。この生の魚のことをお刺身という。刺身は醤油だけにつけて食べるのである。」

「テーブルとか椅子とかはよく知らないけれど、ぼくらは四角の座布団を囲んで床にしゃがみ、いただきますと言い、苦労して手に入れた獲物を食べる。それはとても美味かった。」

「食べ物についてだが、ぼくらは南洋の島々にはあらゆる種類の果物が豊富にあることを発見した。それらを心ゆくまで味わうことが出来るのだ。食通《しょくつう》やその日暮らしをする人にとっては極楽である。行くところに果物、そしてまた果物があるのだ。警察官もいなければ警告板、垣根もない。脅かすような文言、例えば「注意！鉄菱《てつびし》と自動発砲装置あり！」というような標識もない。木の下でまだ熟していなくても、人はそこに行って果実をつみ取るのである。」

「森は果てしなく広がり、年間を通じて成長している。天と地は森に最上のものを与えている。太陽と雨、ともにたっぷりと空からそそぐ。美味しいバナナの味をぼくは忘れない。北に位置する故郷の味と違ってとてもうまいのだ。船に沢山の果物を持ち込んだが、まずいものなどなかった。美味しく食べられて皆が喜んだのである。」

「夕飯のお刺身の後に蓄えてあった果物をつまみ、しばらくそのまま坐っていたら明るい満月が夜空に現れ、銀色の光をわれわれに注いだ。マストや索具がゆがんで妙な形となり、実際の姿よりもずっと大きくなった。街から遠く離れ、ぼくらだけでいることが嬉しかった。」

「九月二十三日赤道を通過した。乗組員全員がこの瞬間を祝った。ヨーロッパではどう過ごすのか、船乗りたちはどう振る舞うのかぼくは知らない。ぼくら日本人はカーニバルのようなお祭りをするが、和爾丸でもそのようなことをしたのであった。

祭りの日は必要な仕事だけすれば良かった。一人の船乗りは海神に任命された。別な二人は悪魔となった。彼らは堂々とした衣装に着替え、体を上から下まで青と赤で塗りたくった。恐ろしい力を持つ証として、腹にはロープを巻き付けた。段々と祭りらしくなっていった。ぼくらが見ていない間に、彼らはマストに登った。神々はご承知のように天から降りてくるが、彼らも真似してそうするのだ。マストを降りて来るのはお祭りの見所である。ゆっくりと海神と悪魔たちが降りてくる。この人間臭い演技のゆえに、ぼくらは感動した。彼らは神々らしくなく汗をかいていたので、ぼくらは歯を食いしばって笑うのをこらえた。天気は良かったが、この演技はものすごい忍耐と技能を要求した。

ぼくらも仮面をつけていた。ぼくらの誰もが今までに寄港した島や国の住民に扮した。船はそういうわけでマレー人、中国人、ベトナム人、シャム人、フィリピン人そしてそれ以外の国の人びとで溢れた。最後の人たちの言葉はちっとも理解出来なかった。彼らは未開人であった。一人一人が三人の神の裁判官によって、ある者は自分たちのお家芸を見せること、ある者は豊富な言葉の中からベストなものを選んで披露するよう申し渡された。みんなが大声で騒ぐことなくうち解けて参加した。

続いて長い行列をつくって行進をし、ゆっくりと重々しく格好をつけて船のあちこちを練り歩いた。さいごにご馳走《ちそう》でいっぱいの、テーブルクロスを掛けたテーブルについたが、そこにあった食べられる物は最後の一片まで食べ尽くしたのであった。すばらしい企画であったがもう少し上品に締めくくりたかった。

残念だがぼくらは酒を飲めなかった。日本人はそれなくしては考えにくいが、よく知られた日本酒や焼酎《しょうちゅう》は禁じられていたのだ。少年団は平均してやっと十九歳であった。でもこの禁が当てはまらない年齢の者も自制したから、それで良かったのである。

九月二十三日は大いにはしゃいで楽しく終わった。二日後にはぼくらはバタビアの港であるタンジュン・プリオクに着いたのである。」

第十七章　不安つのるバタビア

神々の最高官庁はぼくらが赤道を通過するのを喜び、その将来を期待して通過させてくれた。しかしバタビアの港では前と同じように日頃の疫病との関わりが問題とされた。役人はぼくらを見るやすぐに疑いの目で見た。君たちはサイゴン、それともシンガポールから来たのか。恐ろしい疫病が流行《はや》っている所からきたのか、と質問される。入国など許されるものではなかった。感染に対する恐怖はとても大きかったのである。

旅券庁は問題なかったが、衛生局員の果たす役割は大きかった。ぼくらは突然不用意に現れたものだから、何ら問題はないのにハンセン病初期の痕跡があるのではと疑われた。初又船長はコネを持っていた。どの世界でも効果てきめんのこのコネはここでも効果を発揮した。初又船長はこの検疫官の上司のことをどういうわけか知っていた。実際彼のことをよく知っていたが、きっと同じ学校に通っていたのだろう。

バタビアに着いた。この時、日本とオランダ両政府の代表団との間で重要な交渉が行われていた。日本側の代表はかつてベルリンの大使を務めたナガオカ氏であった。（注：長岡春一《はるかず》だと思われる。一九三四年第一回日蘭会商代表を務めた。）報道関係もその交渉内容を伝えていなかったが至って重要なものであり、内容は経済協議に関するものであった。

ジャワ

第一次世界大戦の前であったが、ドイツもかつて同じような商業上の競争を戦い抜いた経験がある。そしてドイツ製品がその品質の高さ故《ゆえ》に世界市場を席巻《せっけん》し、予想外の興隆《こうりゅう》を見たのである。すべての製品はドイツ製という品質表示をしており、それは昔はより優れた英国製品との過酷な競争の対策でもあったのだが、英国商人の困ったことに、それが反対に作用したのであった。世界はドイツ製というのが何を意味するのかようやく理解し、その製品を特別にこだわりと愛着を持って購入したのであった。それは最優良品の証であった。

第一次世界大戦において、西洋諸国が自分たちの問題を山ほど抱え込んでいた時に、日本はすぐさまドイツの果たしてきた役割の肩代わりをし、東アジア市場を攻略したのであった。その地理的条件は考えただけでも有利であったし、それは今日でも同じである。また日本人の生活は質素なので、労働者は比較的安い賃金で働くことに文句を言わなかった。そういうわけで、日本製品は他のどこよりも安く生産できたのである。しかも日本は売り込みに力を注ぎ、輸出は拡大した。日本の船はアジア、オーストラリア、アメリカそしてついにはヨーロッパのすべての港に就航している。日本製という言葉は、安くて質の高い商品として世界中を飛び回っているのだ。それらの輸入品に対して他国は信じられないような高い関税でしか対抗出来なかった。日本製品は競合する商品に対してその存在感を誇示していたのである。

他の競合する国々はどうしたら日本製品を締め出せるか、どうしたら自国の産業を護り、支援出来るのかじっくり考えた。ここオランダの植民地、インドネシアでも競争は激しく、両者の利害に添うような商取引の契約を討議しているのだ。

どのくらい日本製品が広く輸出されているか、それはぼくらが東京に着いてから分かったことだった。ぼくらはいろいろな外国の港で、日本ではとても珍しいその土地ならではのお土産を運が良ければ買ってきた。いざ東京に着いて驚くことは、それは明らかに外国市場のために生産された日本製品であると人に言われたことである。一方で、ぼくらは安価な聖遺物なるものを土産に持ち帰って、まんまと一杯食わされたものである。

ぼくらの訪問に対してバタビアの雰囲気は決して良いものではなかったが、予想に反して友好的に迎えてくれた。バタビア市長主催の茶会の席で、市長は手短にスピーチをし、その中でぼくらの訪問を心から歓迎していると伝えた。「日本の少年団をここに迎えることは異例なことである。特にあなた方のモットーである〝常に心の準備をせよ〟はわれわれも同じ気持ちで嬉しく思う。あなた方の祖国はわれわれと同じく海に恵まれた国である。われわれにとってこのモットーは特別な意味を持っている。私の息子もオランダ少年団に所属している。私は息子があなたたちと文通するきっかけを提供したい。息子は貴方たちの勇気ある精神を学ぶであろう。」

市長は何台かのバスを手配し、街を自ら案内した。最後は海辺に、しかも海水浴場のあるところに止まった。なんと素晴らしいアイデアであろうか。驚いたことに、水温は温かで気持ちよいものではなかった。でも水は水である、とぼくらは自分に言って聞かせて心ゆくまではしゃぎ回ったのである。本来この場所では水泳は禁止されていた。鮫がこの海岸近くを遊泳し、肥えたおいしい獲物を待ち伏せしているのである。誰もが安全とは言えなかった。鮫は動きが素早くいつでも獲物を捕らえるのであった。

体を冷やすというほどではなかったが、泳ぐことはできた。ぼくらは温度計を見た。三十度を超えていなければもっと良かったのにとふと思った。

バタビアに住むマレー人は川で泳ぐことを好んだ。川は街の真ん中を流れていて、現地の人は泳ぐこと以外にいろいろな目的で川を利用していた。水を利用できることはすべてである。早朝は沢山の人びとが川に入り体を洗ったり洗濯をしたりする。そうかと思うと別な人は便利で手軽な台所の流しとして使う、といった塩梅《あんばい》である。ちょっと不衛生ではないかと思う人もいるであろう。役所はそこである日、川で洗濯したり炊事用や飲料用の水として利用することを禁じた。考え抜いたこの大胆な処置の結果としてマレー人はストライキを起こし、体を洗うことをやめたのだった。川に行けなくなると、彼らは体を洗わずそのままでいることになる。オランダの役所はユーモアをわきまえていて、この禁止令を撤回したのである。というのも洗わないことによる疫病の蔓延《まんえん》の方がもっと危険だからであった。今日では川は再び「すべての人のために」となっている。

驚くほどではなかったが、バタビアでぼくらの航海時間は予想を大幅にこえており、今後の計画の実施に余裕を持てなくなったことが分かった。十月の終わりに品川港に着くために、滞在日数を思い切って切りつめ、いくつかの寄港地を割愛《かつあい》しなければならなくなった。次の寄港地はセレベス島（注：現在のスラウェシ島）のマカッサルになっていた。

計画変更については、ジャワ島の街スマランやスラバヤに住む同邦人の了承を得ていなかった。彼らはどうしてもぼくらに会いたがっていた。日本の少年たちなどはいつも見られるわけでないのである。ぼくらは少なくてもスラバヤに立ち寄ることを約束し、大小の気がかりなこともあったバタビアと別れ、出港したのである。

第十八章　孤立した島々の世界、原住民と出会う

素晴らしい航海日和が続いた。海は日本の瀬戸内海にとても似ていた。風は島々にさえぎられ、さらに赤道付近の海はおだやかであった。帆は下にたるみ、エンジンを使って進むことができたが、そうでなければたいして前進できなかった。

驚くばかりの数多い小島にぼくらは感嘆し、遠くの海岸を見つめていてもちっとも飽《あ》くことはなかった。一方、緑の密林の背後には謎に包まれた世界が広がっているのだ。

必要な注意を払いながら夜はデッキで過ごし、大綱がギイギイときしむ音を聞きながら休んだ。船はゴンゴンと音をたて、快適なリズムで上下している。帆柱に下がっているランタンに虫がブンブン群がっている。空に浮かぶ月は満月であり、とても明るく夜を照らしていて、船影が和爾丸のそばを伴走するのが見える。無風であったが、それでも気持ちよい冷たい海風が夜のマントのようにぼくたちを包むのを感じた。

ぼくらは沈黙し、宇宙の静寂がぼくらの魂の中にどっと流れ込むままに任せた。世界の総体としての宇宙、それはぼくらの住み慣れた、われわれの心を煩《わずら》わせ重くのしかかる騒々しい環境とは遠く離れて横たわっている。何とすばらしいことか。ここは自由で、ぼくらの考えは無限の世界に入り込む。それはぼくらの上に、すぐそばに、足下に横たわっている。ぼくらはこの多くの島々の中の一つの島であり、絶えず漂い、自分の法律を持った小さな国である。ぼくらはどの島も知っていて大切に思っている。いつもそのような気持ちを持ち続けたいものである。

誰かがギターを取り、つま弾いた。ギターの音は立ちのぼり、遠くの星たちの回りを不思議な輪舞で包むように流れていった。海の上をなでるようにぼくらのあこがれを運んだ。それは船体の奥深くにも反響した。そこではボイラーマンが憂いを込めて、独特の美しいふくよかな声で歌っていた。見るもの、聞くもの、感じるもの、知ること、そのすべてがここにあった。

ぼくらのつましい、苦しい人生にとって南洋の夜は何と美しいことか。

初又船長は南十字星をささやくように指し示した。ぼくらは南半球でしか見られないこの星について、多くのことを聞いていた。その星は空のかなり下の方にあった。

空気が冷たいのはきっと船の右手の方にそびえ立っている山々と関係があった。間もなくバタビアの街の後ろにその長いつらなりが始まり、いくつかの山頂からは噴煙が長くたなびいていた。ジャワ島には活火山があるのだ。サラーク山が二二一一メートル、ゲデ山

マカッサル

が二九五八メートルの高さがありながら頂上は常春である。バタビアの人たちは、学校の先生たちが授業で教える際のあるむずかしさについて話した。それは子どもたちに日本の冬や、雪について説明する時である。恐らく彼らは一生を通じて雪など見ることはないのだ。ぼくらの国は南方でも雪はまれではあるが見ることがあるし、北海道などの北方ではかなり多いのだ。東京ですら寒い冬では短い期間雪化粧する。季節により気候が変わる地域は、熱帯地方より過ごしやすいのだ。熱帯ではずっと続く同じような暑さと、年間を通じて単調な気候が続いて飽きて疲れてしまうのである。熱帯に住む日本人労働者にとって、いつかまた他の地域に行けるという希望はもてないのであるから、非常に辛いものがある。少年団の活動はそこでは重要ではないのであるが、短い旅程であったにも拘《かか》わらずぼくらがスラバヤに立ち寄った理由はそのような熱帯地域を体験することであった。

九月二十八日の夕方頃、スラバヤの街の灯りに気がついた。しかしまだ狭くて危険なマドゥラ海峡がぼくらを遮《さえぎ》っていた。ぼくはイタリアとシチリアとを隔てているメッシナ海峡を思いおこした。初又船長は本領発揮である。以前の航海から、彼はこの海域をよく知っていた。他の船長なら、夜間に通り抜けることは敢《あ》えてしなかったであろう。初又はそれができる船長であった。

スラバヤでの歓迎会は同時にお別れ会でもあった。午後にはぼくらはマカッサルに発たなければならなかったのだ。昔の習慣に従って、宴会の手はずが整えられたが、ここでぼくらが世間知らずだったゆえに、がっかりしたことを白状しなければならない。ぼくらに〝フルーツの女王〟という通称で知られたマンゴーが用意された。ぼくらはこの王国が何となく好きだし、王の果物なるものも好きだった。でもぼくらはマンゴーを食べたことがなく、名前だけ知っていたのである。給仕はきれいに切って深皿に盛って席の間を回って来た。僕らはためらいもせずに手をのばしたが、強いにおいが鼻を突いてあわてさせた。こんなにおいがするのに女王の名を付けるのかと、いぶかった。注意して慎重に、あのバンコクの祝宴をまざまざと思い出しながら一つつまんで舌に乗せてみた。味はむかつくような、においはぞっとするようなものであった。否応なしに僕は口に入れたものをまた出さなければならなかった。後になって謎が解決した。現地の人はマンゴーを好んでおいしく食べるが、それは人肉に近い味がするからだ。いや、失礼！これはひどいいい方だ。ぼくらは暗黙のうちにほっとして言えたことは、ぼくらのうち誰一人として人肉を食べたことなどはないということだった。この日のことがあって以降、その果物に対する食欲は消え失せてしまった。日本人にとって食用に適さない、まして珍味と呼ぶものではなかった。あることわざの一つに、〝店が自慢する特別料理なるものは失望こそすれ、喜ばせるものではない〟というのがあるが、ぼくはこれをこの女王料理で実感したのである。

しかしそれ以外の果物はとてもおいしかった。甘く、美味であり、できるならトラック一杯の果物を持ち帰りたかった。でも家に着く頃には例外なく腐ってしまって食べられたものではなく、それはできないのだ。そこで船の食料在庫を補う程度にしたのである。バナナはまだ熟してない緑色の状態で北部に移動し、そこでようやっと温室の貯蔵室に入れられて旅立つのである。

僕らが東京にいくらか持参した熱帯植物はわずかしか航海に耐えられなかった。無傷のものはなかった。水を少ししかあげなかったか、あるいは海風が弱らせたのではと思う。後で話すが、持ち帰ろうとしたもののいくつかは、シャム猫やオウムの遊び道具となった。

スラバヤは今回の航海で最南端に位置している。ぼくらは舵を北に切ってスラウェシ島のマカッサルに向かった。スラウェシ島はジャワ島、スマトラ島そしてボルネオ島と並んでオランダの植民地統治下にあった。マカッサルはかつての重要性は有しなくても、第二のシンガポールである。ここはボルネオ島とスラウェシ島の間の船舶の出入りを管轄《かんかつ》している。これからまだ長い航路を進まねばならなかったので、ぼくらはここで食料と燃料をたっぷりと準備した。

愉快な時間を日本の移住者たちと過ごした。彼らは特にぼくらの勇気をたたえた。ああ、そんなに勇気があったのだろうか、と思う。この賛美の声をただ喜んでは聞けなかった。現地の経済はとても不利な状況に置かれていた。買い得で、競争相手もない安価な日本商品も買い手を見出すのは容易ではなかった。世界の危機的状況は遙か遠い島にまで影響を及ぼしているのである。今後はどのようになるのであろうか。

ぼくは多くの日本人同胞を心から尊敬する。中にはかなりの稼ぎを得て、数年後または十年後帰国して苦労のない生活を送りたいとする人もいる。彼らはそのためにここスラウェシ島で母国よりかなり劣悪な労働環境のもとで働いているのだ。

マカッサルからさらに北方のダバオに向かった。この街はフィリピン南方のかなり大きなミンダナオ島にあった。十月七日に赤道を横切り、再び北半球に戻った。故郷に近づき、母国への密やかな切なる思いが内からこみ上げてきた。

ダバオの街は海に面していた。標高二九五四メートルのアポ山は高くそびえていて力強い背景をなしていた。アポ山も火山であり、とぎれることない噴煙と灰色の薄い雲で覆われていた。山すそから海岸までどこまでも麻が覆い茂って続いている。そのことが有名でこの島の名が知られている。麻はもっぱら日本の入植者が植えたものである。初又船長の説明を聞いたとき、ぼくらは彼らのことを誇りに思った。熱心な入植者たちは島全体に分散して住んでいるが、活発な麻の栽培は、勤勉が利益を生む証拠となっている。想像力を常に伴えば、手作業は無報酬に終わることはないのだ。ぼくらは植え付けを見学したり、入植者と話をしたりしてその印象は強まった。彼らの多くがすでに二十年かそれ以上この島に住み、この麻の栽培を生涯の仕事としていて島から離れたくないのである。

マニラはぼくらの最初の外国訪問港であり、ダバオはその最後となった。いずれもフィリピン諸島にある街である。ぼくらはこれから進む遠くの先を見つめ、残りの航海が首尾良く終わることを信じて帆を張った。次の訪問地はパラオ諸島である。そこはかつてドイツの施政権下にあり、世界大戦後は日本の委任統治下に置かれた地域である。十月十一日ぼくらはダバオを発ち、十五日にはすでに日本の領海に入った。前もってぼくらはパラオ諸島の地図に出てくる小島を訪問することにしていた。この小島は汽船の航海ルートから完全に離れていて、船が寄港するのは十年に一度という状態であった。ぼくらは和爾丸の喫水《きっすい》の浅いのを利用し、ぼくが航海計画の当初に記した民俗調査など様々の課題を消化するために寄り道をしたのである。ぼくは残念なことに船での仕事があったので、この小島の踏査《とうさ》について何も話せない。ぼくの友人は現地調査を終えて見事な羽根を持ったオウムを連れ帰った。とても面白い鳥で、その後も沢山の楽しみを与えてくれた。ぼくらはこのオウムに日本語をいくつか教えた。それはこの鳥が後になって自由に話した最初の外国のことばであった。以前はマレー語しか分からなかったのに、こんにちは、こんばんは、おやすみなさい、このたぐいの短いことばを覚えたのである。鳥は元気よく返事するのであるが、たいがいがとんでもない時間なのである。この愛くるしい鳥が後にどうなったかぼくは知らない。元気でいてくれと願うばかりである。

ところで今までにも他の島を訪問する機会があった。孤島でそこにはぼくも同行した。その島はシンガポールとバタビアとの中間にあって、赤道に接していた。だからすぐに見

マレー人の壁画

つかるはずである。

ぼくらはその島を午後に見つけ、調査することに決めた。一〇人がボートに乗り込み陸地に向かって櫓《ろ》を漕いだ。五人ずつ二手に分かれて陸と海から調査を行おうとした。島はうっそうと樹々が生い茂り、やっとの思いで密林を抜けることができた。一人が陸地全体を見渡そうとして細い一本のヤシの木に登った。てっぺんまで登りつかないうちに、手をゆるめてあっという間に滑り降りてきた。体中が赤色の蟻に覆われていた。蟻は警告して、群れをなして彼に襲いかかったのである。ぼくらは蟻を払って難儀を救ったが、誰もが笑いをこらえることができなかった。彼自身もであった。その後、しばらく経っても彼はこの〝ヤシの木の冒険〟のことを話題にされて苦い思いをしたのである。

やがて貴重な時が過ぎ、ぼくらは珍しい石や二枚貝、それに植物をさがし始めた。下に落ちた木の実を集め、果汁を吸い、そして殻をボートに投げ込んだ。殻は床磨きに使えるのである。

一方のグループは離れた所で活動していて、蟻の一件については知らなかった。遠くから彼らが海に入っていって潜り、珊瑚やその他の海の宝物を探しているのが見えた。太陽は水平線に近づき、その輝きで海を包み込んでいた。濃い茂みの中からプーンプーンという音を聞いたが、そのうちホタルが飛び始めた。帰る時間になったので、ぼくは別なグループに大声で急いでこちらに来るよう呼びかけた。返事は全く別な方角から返ってきた。ぼくらは耳を澄ませたが、聞き間違いではなかった。そこで興奮したその叫び声の方角に向かって急いで走って行った。

気がつくとぼくらは七人の原住民の前に立っていた。その奥には仲間が待っていた。原住民は半裸で、鉄でできた切っ先を付けた槍を持っていた。この海域では漁にも使うので

チエビア島で未開民族と出会う

ある。それ以外にも鞘《さや》のない刀を持っていた。疑い深い目でぼくらを見つめ、緊張していて今にも密林に逃げ込みそうであった。意外だが、島には人がいたのだ。危険な状態ではなかったけれど、奇妙な緊張がその場を支配していた。彼らに敵意がありそうには見えなかった。彼らがぼくらを攻撃してきたら、この二丁の銃では防ぎようがなく、ぼくらはナイフや素手で立ち向かわなければならなかったであろう。彼らはぼくらが持っている銃が心配の種であった。彼らが火器を怖がっているのは、外国人に出会ったのはこれが最初ではないということだった。

こちらの意図をわかってもらおうと説得しようとしたが、ぼくらが知っている現地の方言を使っても彼らに反応はなかった。身ぶり手ぶりもほとんど役にたたなかった。ぼくらが危険な存在ではないと、どう伝えたらいいのだろうか。ところが少年団の団員の一人が当意即妙な対応をした。彼は原住民らの方に少し進み出て、実に器用に猿の姿を土の上に描いた。そして現地人を攻撃するかのように腕を構えた、そして次に頭を振ってその意図を否定し、目的を誤解された武器を猿に向けてうなずいたのである。ぼくらは野生の動物を撃つのであって、人を撃つのではない。その少年はこう分かって欲しかったのである。

この気の利いた演技は笑いと拍手をもって彼らに迎えられた。彼らは理解し、態度を改めた。ぼくらはもっと彼らに近づき、本来の贈り物は船にあったのであるが、友情の印にぼくらが被っていたいくつかの帽子やシャツを脱いでそれを差し出したのである。

ぼくらも半裸になってしまったのだが、この気前の良さは彼らに予想外の印象を与えた。今や不信感は消えた。思いもしなかった宝物を手にした喜びで、彼らはぼくらの見ている前で、大いに喜び夢中になって踊った。ぼくらは不思議な気持ちで彼らを見つめた。彼らの動き、叫びはこの夕暮れ時にこの世とも思えない神秘に溢れたものに思えた。当然だが、ぼくらは一つの言葉も分からなかった。突然、彼らは手を振って何か合図をすると、大きく跳ぶようにして茂みの中に姿を消した。

満足してぼくらは船に戻ろうとしたが、たいして行かないうちに後ろで何か音がするのを聞いた。彼らがぼくらを大いに喜ばせようと、あらゆる果物を山と抱え、引きずるようにして顔を輝かせて現れたのである。

そう、これが原住民、いわゆる原住民なのだ。ぼくらがシャツや帽子に対して持つ価値よりも、果物は彼らに取ってはもっと価値のあるものであろう。しかしぼくらが普通考えるような価値というものを考えないのだ。彼らは受け取り、与える。そしてぼくらが喜んでいるのを見て楽しんでいる。それで十分なのだ。

ぼくらは布袋を空にして果物を詰め込み、お礼をたくさん言ってボートに運んだ。何と素早く見知らぬ人と友情が築けたことであろう、そして祖国では隣人という者が何と縁遠い存在であろうか。ぼくらが文明社会の中で失ったものすべてについて、ぼくは物思いに沈み悲しくなるのだった。それは誠実さ、つましい生活、親切ということである。

ぼくは赤道直下のチエビア島のこの夕べのことをしばしば思うのである。

第十九章　パラオ諸島を経て帰途につく

内海の静けさを後にして、荒海《あらうみ》の航海がまた始まった。最初の航海の時のように、帆を張り山また山の波濤《はとう》を越えて進んで行った。海上を移動することは何ら問題でなかった。横揺れをとても心地よく感じ、それが無い人生など考えられなかった。陸に上がると落ち着かず、冒険心をそそる荒れた海の縦揺れが懐かしく思えた。夜もすばらしく美しく、海と主役を競った。ぼくらは大いなる海の子、さあ、子どものように、この気持ちよい揺れのなかで眠ろうではないか。

追い風のおかげで、四日間のうちにぼくらはパラオ諸島（注：日本の委任統治領土であった）に着いた。岸辺には日本の日の丸がはためき、ぼくらの心臓の鼓動《こどう》は高まった。わずかの時間でも同郷人に会いたかったし、彼らの挨拶の言葉を北方の故郷に持ち帰りたかった。そう思わせたのは、ここの諸島は大きく弓なりになって、フイリピンから始まり、ずっとぼくらの海まで伸びていたからであった。ここパラオでは本物の原住民を村で見つけたり、言葉を交わすこともできるのだ。チエビア島訪問の時は例外として、今まで出会った原住民はちっとも正真正銘のそれではなく、中途半端に文明の洗礼を受けた人たちであった。本物の原住民を日本の委任統治下の島で見かけたことは、ぼくらにとって少し驚きであり、多少はお国自慢となるものであった。確かにぼくらが訪問した他の島にも未開の部族が住んでいた。でも外国人が彼らを見かけることはめったになく、まして街の近くで見かけることは全くなかった。原住民が街の人に深山《しんざん》に入り込むきっかけを与えなければ、彼らは生い茂った深い原野や近寄りがたい峡谷《きょうこく》に身を隠し、地元住民たちの追跡を免れることができたのである。

しかしパラオ諸島ではそうではなかった。ぼくらは原住民に出会ったが、彼らは裸で総じて原始的な生活を営んでいた。彼らを前にしてぼくらは少し不安であった。ぼくらのことを好奇心ある旅行団体と思っているようであった。彼らの体には恐ろしいばかりの動物画が描かれていて、戦う人間の入れ墨がしてあった。一見したところ、その独特な身のこなし、腕や足、そして肩の分厚い筋肉などは人間よりも動物に近かった。やがて分かったことだが、彼らはちっとも危険ではなく、それどころか役に立とうとし、よろこんで頼まれたことをしてくれたのだった。何か要求する時は子どものように控え目な態度であった。でも彼らの体力は想像以上であった。

このような人たちが、日本人の監視の下に控え目に畑地を耕作しているのを見るのは本

パラオ諸島の人々

当に残念なことである。できれば彼らが森や海で、自由に活動をする民として見たかった。しかし、この世は現実とは違うのだ。人びとがより創意工夫に富み、今まで以上に思いやりがあれば、今とは違うものになれるのだ。この島に対して描いた楽園は過去の夢である。現実は厳しい、とても厳しいのである。

ヤップ島にはカナカ人という人種がいた。彼らは今日まで政策的な同化政策を拒んできた。このような要求をもって彼らに近づくと、敵意をむき出して、受け入れてくれないのである。そこでやむなく彼らが野生のままに自由に生き、この地域で幸せな人種として過ごせるようそっとしているのである。

ぼくらが友達になるつもりで彼らに近づくと、彼らも友達として迎えてくれる。彼らは早速いくつかの踊りを見せてくれた。踊りと歌は族長自ら指揮した。彼は部族民の外に立ち、合図や呼びかけで指導する。表現豊かな身の振り方は踊りの意味を表現していた。族長は力強い神であり、部族民は現世、嵐、野獣、病、死、これらすべてのものからの保護を彼に願った。彼らの武器は侵入者に対してほとんど無力であり、そこで彼らは祈ることに助けを求めたのである。

踊っている部族民の姿は、ぼくらに人気のある相撲取りと似ている所があった。相撲は日本でしか見られず、特別な社会階層に営まれるものである。その体格、その古風な髪型で国民の中に特別な地位を占めているのである。相撲取りはぼくら普通の人間と違って体は大きく、体重があり、分厚くて肉付きのよい腕をしている。毎年、厳しい競争の中で優勝決定戦が行われるのだ。

原住民の踊りと相撲の取り組みが似ているので、ぼくはこの両者にはなにか共通のものがあるのではと思った。ぼくら日本人の祖先は南方から渡来したのである。この考えはいまだ断定されてはいないものの、多くの学者たちによって支持されている。

ここの諸島の歴史には興味深いものがある。島々はポルトガル人やスペイン人によって発見され、三つのグループに分かれている。つまりマーシャル諸島、マリアナ諸島そしてカロリン諸島である。一八九九年にドイツはこれらの島々をスペインから買い取り、自分たちの植民地に併合したが、第一次世界大戦後にこれら諸島は日本の委任統治領として委ねられたのである。三度も所有者が変わったなごりとして、ぼくは地元民がスペイン語やドイツ語混じりの言葉を話すのに驚いた。

パラオ諸島の共同住宅

子どもたちは今では近代的な学校で日本語と書き方を教わっている。確かに成果は上々である。何人かの男の子たち、女の子たちはぼくらときちんと話もできた。別の子どもたちは紙切れに日本語を書いて見せてくれた。スペイン人が来る前までは地元の人びとは字が書けなかった。スペイン人からようやっと住民はロマンス語の文字を学んだのである。

三つの島に立ち寄った。他はぼくらの航海進路からかなり離れていて、かなり長い滞在日数が必要となったので割愛《かつあい》した。そしていよいよ故郷に帰る時となった。ぼくらの船は針路を東京に向けた。最後のグループが乗船して配置についた。

ここでもう一度嵐の暴力をわが身に受けることになった。でも心の中には安らぎがあった。海は沸き立ち、たけり狂い、強風は竜ののどから吹いてくるようであった。海はぼくらが永遠の船乗りであることを警告し、押さえつけようとした。しかしぼくらはその暴力に抗《あらが》ったのである。

台風は突然発生し、その進路を妨げるものはすべて破壊した。台風はサイパン島とこの長い列島のつながりの中で、もっとも北に位置する小笠原諸島の間でぼくらを襲った。台風は二つの発生源があった。一つは往路で通過した琉球諸島であり、もう一つはよりによって今その近くにいる小笠原諸島である。夏から秋、そして冬辺りの季節の変わり目がもっとも危険な時である。日本は一般的に、一度か二度この台風に脅かされる。日本では九月一日が暦の上で台風の来やすい日とされている。

幸運だったことはこの暴風はぼくらに向かうものではなく、追い風となったのであった。ぼくらはすべての帆を張り、出来る限り風の猛威を利用した。船長はこのような向こう見ずな行動をとったのである。

和爾丸は鮮やかな純白のミズナギドリとなり、とてつもない速度で航路を進んだ。時には時速一四マイルにもなったが、これは小型船舶であることを考えるとかなりの速さである。

船足を遅くしたら、荒れ狂う海はぼくらをまるでクルミの殻のようにあちこちに投げつけていたであろう。この速度でこそ危険を回避できたが、一方で嵐の勢いをまともに受けて二〇度まで船は傾いた。一度は間違いなく帆が海水面に触れるばかりに傾いたのである。それほど傾いていなくても、そのような状態を想像してほしい。さて、また家の高さの波が立ちはだかったが、和爾丸は鋭い船首でそれを切り裂いた。ザワザワと音をたてて波は押し寄せ、船をまるごと包み込む。初又船長がいるところだけが潜水艦の展望塔のようにそびえている。ぼくは何度ももうこれで終わりかと思った。しかし船は波に飲み込まれることなく、また次の波で船を進めた。自然の遊戯に息をつく暇がなかった。祖国を目前にして死神に追いつかれてしまう恐怖が全身を包んだ。死神がすぐ後ろにいることを、ぼくたちは分かっていた。

四日間、追いかけまわされた。四日間、和爾丸は荒れる海を突き進んだ。黒い雲が山のようにぼくらの上を覆った。さらに夜の闇が不気味にぼくらを包み込んだ。四日目にようやっと入り江に守られた岸にたどり着いた時、ぼくらは皆喜んだのである。この航海、奇跡と思うだろうが、本当にそうだったのだ。

第二十章　帰　国

嵐はおさまり、翌日は快晴となった。船足は軽かった。小笠原諸島に近づき、温かな衣類を持参して来なかったことをとても後悔するはめになった。突然肌寒さを感ずるようになったのである。東京に着いたら親や友人たちは温かそうな黒っぽい衣服でぼくらを迎えるであろうが、ぼくらは白地で薄手の夏の制服でブルブルと寒くて震えているのだ。ぼくらは東京を亜熱帯の地域だと思ってしまっていたのだった。

館山は今回の航海でここだけは二度寄港する港であった。七月十五日、ここで祝福されて日本を発ち、十一月一日にまた戻ってきたのである。出発の時は太陽が照っていたけれど、今日は細い糸のような雨が降っていた。雨のベールの向こうに家々を、ぼくらの日本の木造の家々を認めた。ぼくらは故郷に帰って来たのだ。喜びで気持ちが高揚《こうよう》し、寒さが突然に心地よいものとなり、むしろこの寒さなくしてはいられなくなった。ぼくらはこの国の子どもであり、四季のあらゆる移ろいとともに生きているのだ。故郷が近づくにつれて、太陽がいっぱいだった南洋のすべての景色が、まぼろしのように消え去っていった。酸っぱいような雨の香りをただうれしくなって吸い込んだ。

上陸してすぐに電話で東京の本部と連絡を取り、無事帰国したことを報告した。少年団団長の喜びは相手方の返答からして非常なものであったに違いなかった。みんなが不安と心配で何時間もぼくらのことを気にして待っていたのだ。そして今、南洋航海は豊かな成果をおさめて帰国し、世界に日本少年団の勇名をとどろかせたのだった。ぼくらの若い拳《こぶし》は祖国のために働いたのだ。数日後には品川港に着岸する。この波瀾に富んだ数ヶ月の後に信頼を寄せてくれた親しい人たちの声をまた聞けるのは何とも不思議な経験であった。

日本全国が航海の成功に本心から感動したことは新聞を読んでわかったことだった。航海の目標は達成できたのだ。模範となるような感慨を人の心に残せたのだ。

そのせいか、ぼくらが新聞に対して持っていたすべての恨みごとは忘れた。新聞記者らは人の良い、愛すべき人であった。あの時、ぼくらと同行した記者が乗船してすぐに健康を害し、行動を共にすることができなかったことは気の毒に思う。記者もぼくらの活動に満足してくれた。ぼくらも自分たちの成果に満足してはいけないこと、仲間の仕事に対していつも謙虚であることなど、多くのことを学んだ。

館山では和爾丸を新たに塗装したり、船の大掃除をしてすっかりきれいにした。街で衣服や制服を洗濯に出し、アイロンをかけてもらった。船上では洗剤も無かったし、必要な水もなかったのだ。きちんと帰国を果たすには必要な細々とした買い物が山とあった。

さてぼくらは医者の健康診断を受け、体重や健康状態を調べてもらった。全員、体重が二〇ポンド（注：約一〇キログラム）ほど減っていた。ただもっとも若い十三歳の少年だけが体重は変わらなかった。乗組員全員の健康は非常に良好と記された。あの危険な航海をかいくぐったことを思えば、それは一種の離れ業ですらあった。

十一月四日館山を出航した。太陽が出て暖かな秋日和であり、しかも日曜日であった。ぼくらは最後の旅路の寸暇《すんか》を楽しんだ。

品川港がやっと見えた。ぼくらはマストに登った。ぼくもメーンマストの中程にしがみついてブルブルと震えていたのを覚えている。何艘かの船が併走して甲板で音楽を奏でている。出迎えの人々は叫び声を上げ、そしてハンカチをふる。埠頭《ふとう》には所せましと人が立っている。和爾丸が着岸する場所が用意されていた。言葉では表現しようがない歓喜の中、接岸する。少年団団長、伯爵の二荒氏が心からぼくらを歓迎し、マイクを使って歓迎の挨拶を読み上げた。これは放送で全国に流された。日本のすべての若者たちはラジオを通じてこの祝典に参加したのだ。

父、母そして友人たちが駆け寄ってきて少年たちを抱きしめた。何と素敵な再会であろうか。

今一度、トランペットが辺りに響き渡った。ぼくらは改めて隊列を組んだ。三時間ほど行進して都心を通り皇居の正門まで来て、感謝の気持ちを込めて恭《うやうや》しく頭を垂れた。「天皇陛下万歳、末永くご健勝でありますように!」こうして三回ぼくらは叫んだ。

そして国歌を歌った。日の丸の小さな旗がぼくらの頭上にひるがえっていた。

資料

ぼくらの帆船、和爾丸

ブリガンティン型帆船　日本少年団練習船　総トン数一六八トン
登録トン数　一〇九・四九トン
建造　一九〇九年二月
補助ディーゼル・エンジン搭載（二二五馬力）
平均速度　時速八ノット
船体の大きさ　長さ：一〇四フィート、幅：二五フィート、深さ：一二フィート

帆船和爾丸の航海概要（一九三四年七月十五日より同年十一月四日）

帆走による航海日数：十四日、暴雨風時、帆走なしの日数：二十七日
外国港の着岸日数：七十一日
航海距離　一万三千海里

港	到着	出港（一九三四）
東京		7月15日午前10時
館山	7月15日午後3時	7月15日午後5時
鳥羽	7月16日午後1時	7月17日午後1時
神戸	7月18日午後2時	7月19日午前8時
鹿児島	7月24日午前10時	7月26日午前7時
キールン（台湾）	7月31日午前9時	8月3日午前11時
高雄	8月6日午前6時	8月9日午前10時
ここで日本領土とお別れである		
マニラ（フィリピン）	8月13日午後4時	8月15日午後5時
サイゴン（インドシナ）	8月25日午前6時	9月1日午前9時
バンコク（シャム）	9月7日正午	9月12日午前11時
シンガポール	9月17日午後3時	9月21日午前10時
バタビア（ジャワ）	9月25日午前7時	9月27日午前8時

スラバヤ（ジャワ）	9月29日午前1時	9月30日午後2時
マカッサル（セレベス）	10月3日正午	10月4日正午
ダバオ（フィリピン）	10月9日午後5時	10月11日午後5時
パラオ（日本委任統治領）	10月15日午後5時	10月17日午前11時
ヤップ（日本委任統治領）	10月19日午前10時	10月20日午前5時
サイパン（日本委任統治領）	10月23日午前9時	10月24日午前9時
館山（日本）	11月1日午前7時	11月3日午後3時
横浜（日本）	11月3日午後5時	11月4日午前6時
東京	11月4日午前10時	

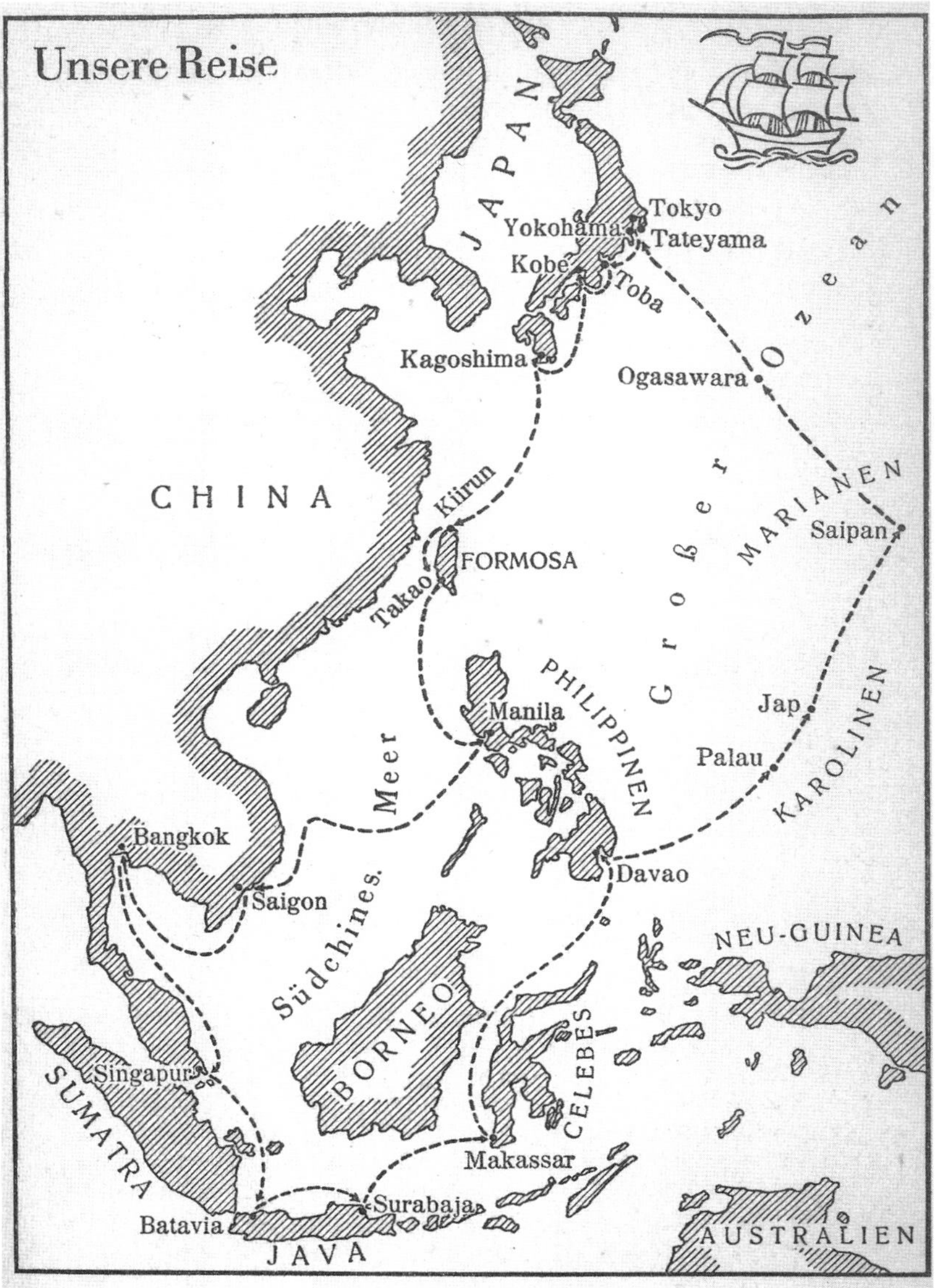
Unsere Reise
JAPAN
Tokyo
Yokohama
Tateyama
Kobe
Toba
Kagoshima
Ogasawara
Großer Ozean
CHINA
Kiirun
FORMOSA
Takao
MARIANEN
Saipan
PHILIPPINEN
Manila
Jap
Palau
KAROLINEN
Südchines. Meer
Bangkok
Saigon
Davao
NEU-GUINEA
BORNEO
CELEBES
SUMATRA
Singapur
Makassar
Batavia
Surabaja
JAVA
AUSTRALIEN

帆船　和爾丸の航海図

解説

瀧澤 潔

1 帆船和爾丸《わにまる》について

著者である小林珍雄《よしお》が文部省の依頼を受け、日本海洋少年団の南洋航海において通訳として和爾丸に乗り込んだのは一九三四（昭和九）年七月十五日のことであった。同船は帆船で全長は約三二メートルである。かつてコロンブスが乗船して新大陸を発見したサンタ・マリア号よりも九メートルほど長く、また一八六〇（万延元）年、勝海舟を艦長として太平洋を横断した咸臨丸よりも一八メートルほど短い。和爾丸は元北海道帝国大学水産学部所有で一九〇九（明治四十二）年に竣工した忍路丸《おしょろまる》を日本少年団連盟が一九二七（昭和二）年に下請けしたものであった。今回の南洋航海のために改装したとはいえ、かなりの老朽船であった。南洋航海を無事に成就したあとはしばらく貨物船として活躍したが一九四四（昭和十九）年の空襲で炎上している。

和爾丸は東京芝浦港を出港し、一万三〇〇〇海里に及ぶ航海を終えて一九三四（昭和九）年十一月四日に無事に品川港に帰港している。少年団日本連盟理事原道太を団長とし、初又胤雄を船長とする大人の乗組員は全員で三六名であり、彼らの引率のもとに一七名の日本海洋少年団の少年が同船した。総勢は五三名で、最年少の少年は十三歳であった。彼らは全国の少年団から推薦を受けて応募し、厳しい審査の上に入隊を許可された。中には血書をもって志願した少年もいた。当時の少年団連盟会長の二荒芳徳は鳥羽港で少年団を待ち受け、共に伊勢神宮参拝後は大阪港まで同船している。彼は南洋航海を生命の教育と位置づけていた。少年らは本文一三ページの挿絵にもあるように、出航前の船上の墓碑銘刻みの式において各自用意した一尺二寸の石碑に己が名を刻みつけ、自分の墓標として船底に保管して出港したのであった。まさに死を覚悟しての出港であった。応募の条件の第一に「一死辞せず一生を献ぜん、の決意を有すること」とある。涙ぐましい覚悟とはいえ、本文を読むとお分かりのように、やはり十代の若者たちである。相手国のボーイスカウトたちとの交歓会では共に言葉の壁を乗り越え、交流を楽しんでいる様子が随所にうかがうことができる。

2　航海の目的

和爾丸が芝浦港を出港した前年の一九三三（昭和八）年三月、時の外務大臣松岡洋右は国際連盟で演説をして国際連盟を脱退している。欧米との緊張が高まり、国際的に孤立を深めつつあった時期であった。当時「生命線」という言葉が流行語となったが、最初に使用したのは松岡洋右であったと言われている。この言葉は和爾丸が出港する三日前の七月十二日に少年団に賜った伏見宮博恭《ひろやす》殿下の御詞の中に、また海洋健児遠航の歌のなかにも使われている。

当時、陸の満州を確保した日本が今度は海において、ドイツ撤退後の南洋の委任統治領に利権を確保し、その周辺を日本経済の生命線として守っていこうという政治的意図は否定出来ないと思われる。それだけに一方において、少年団の南洋航海を通じて英、米、仏、蘭各国植民地の少年団との交歓を通じ、若人による積極的な平和外交を行おうとしたものだと思われる。

日本海洋少年団を旗頭に、南洋航海が実施された背景には皇室の手厚い保護と英国ボーイスカウトの影響があった。天皇が少年団活動に興味を持たれた理由を知るには、九年前の一九二一（大正十）年三月三日から九月三日の半年にも及ぶ天皇即位前の皇太子欧州巡遊に遡らねばならないであろう。元老山県有朋が提案し、同じく元老の松方正義、西園寺公望や当時首相だった原敬もこの前代未聞の計画に賛成している。日本帝国の元首として見聞を広め、各国王室との親睦を深めるというのが主たる目的であった。イギリスとは日英同盟を結んだ関係からドイツに参戦した経緯もあり、英国とはきわめて良好な関係にあった。

英国滞在中は国賓として熱烈な歓迎を受けている。ロンドン・ヴィクトリア駅でジョージ五世の出迎えを受けたが、彼は最後まで慈父のように皇太子に接した。バッキンガム宮殿の晩餐会では皇太子は見事なスピーチをし、同席した当時在英大使館付一等書記官であった吉田茂も感動している。

国王ジョージ五世は為政者として戦争の惨禍を知る必要大いにありとして、ベルギーのイープルやルーヴァンの見学を勧めた。小林珍雄の著書に「岩下神父の生涯」（中央出版社　昭和三十六年刊）と題する本がある。その中に、廃墟と化したルーヴァン大学図書館を前にして皇太子に説明される岩下壮一神父の写真が載っている。ルーヴァン大学の図書館はスコラ哲学関連の蔵書が豊富であったがドイツ軍の空爆に遭い、貴重な蔵書三十万点が焼失している。小林の恩師、岩下神父はこの大学に留学したことがあり、たまたま欧州滞在中だったので、皇太子ご訪問の際に案内しているのである。傷んだこの一枚の写真には皇太子、ルーヴァン大学総長、岩下神父、今回の巡遊の供奉長を務めた珍田《ちんだ》捨巳《すてみ》氏、通訳の山本信次郎氏らが写っているのである。

さて英国滞在中の皇太子が英国ボーイスカウトの活動に強い感化を受け、日本少年団の育成につながり、さらに南洋航海に発展していくわけであるが、その滞英中の接点はどこから始まるのであろうか。ボーイスカウトを創設したのはロバート・ベーデン＝パウエル卿（通称Ｂ－Ｐ）であったが、彼はロンドンにおいて皇太子裕仁親王に謁見し、英国ボーイスカウト最高功労賞であるシルバーウルフ賞を贈呈している。滞在中皇太子はオックスフォード近郊のクランフォードでパウエル指揮下のボーイスカウト二五〇名の歓迎を受け、エジンバラでも市少年斥候隊ばかりでなく、スコットランド各地より集合した各種少年団の熱烈な歓迎を受けて大変感銘を受けている。

宿泊施設となった各所の邸宅の警備を二十四時間、ボーイスカウトが実行したことも皇太子の印象に深く刻まれた。ロンドンを出立する前日、パウエル氏は皇太子を親しく訪問し、この運動が世界の人々は同胞であるという精神をもって興り、やがて世界永久の平和を建設するに貢献することを信ずると述べている。

皇太子に同行した伯爵、宮内庁書記官であった二荒芳徳も以前よりこの活動に関心を持っていたが、今回の巡遊でその気持ちを新たにしている。帰国後はこの運動を勧め、一九二一年に少年団（ボーイスカウト）日本連盟の初代理事長（総長は後藤新平）となっている。巡遊に同行した三島通陽《みちはる》も後年同副理事長として二荒と共にボーイスカウト運動を日本に広めていった。これらの人たちの支援の下に同連盟理事原道太が派遣団長、和爾丸司令となって南洋航海は実現するのである。

3　派遣団幕僚　通訳　小林珍雄

小林珍雄が南洋航海に出発する前年、彼は一年有半のスイス及びフランスでの留学を経験していた。東大大学院時代に病を得たこともあって、宗教に関心をいだくようになり、岩下壮一が主催する大学内のカトリック研究会に熱心に通うようになっていた。神父になることを夢み、洗礼を受けて向かった先はスイス、フリブール市のフリブール大学であった。神学で有名で、ヨーロッパ各国から優秀な学生が集まってくる大学であった。しかし本人の期待とは別に留学生活には戸惑いを隠せない苦しい面もあった。後半、半年余りのパリ生活ではほとんど宿にこもってひたすら独・仏語専門書の読書に没頭するのである。現地パリの新聞を賑わす隣国ドイツのヒトラーの台頭よりも、執筆中の書き物の鉛筆の芯が折れることの方が気になると本人は日記に綴っている。

スイス、フランス留学をおえて帰国した小林を待ち受けていたのは、先述したように通訳として和爾丸に乗船することであった。当時ベトナムはフランスの、シンガポール、香港はイギリスの施政権下に置かれていた。英語はもとよりフランス語、ドイツ語に堪能であった小林は、まさに適任であったろう。

通訳の仕事は入港する際の入国管理官や検疫官との折衝、現地のボーイスカウト代表との懇談、少年団同士の交歓会のお世話など、実に多岐にわたっていた。

小林は第一高等学校在学時代に水泳で体を鍛え、東京帝大に入ってからも学生選手権大会（インカレ）に出場するほどの水泳の技量を持っていた。サイゴンで相手側から水泳競技に参加を強く請われたとき、訳に必死だったぼくはひょっとして小林自らが参加するのではと胸を躍らせたものであった。自ら健康には自信はないと認めながら、南洋航海での強靱な精神、その体力にぼくは圧倒されるばかりであった。台風シーズンである夏から秋にかけてのこの航海では二十六日間の時化《しけ》を経験、その他五日間の暴風に遭遇しているのである。船が時化にあって四〇度に傾いたときも小林は平静さを失っていない。乗組員の中で船酔いにならなかったのはぼく一人だけだったという記述が本文第十三章にあるが、自慢している様子は全くない。和爾丸が無事に東京品川港に着岸したのは一九三四（昭和九）年十一月四日の事であった。実に一一二日間、一万三〇〇〇海里にも及ぶ大航海であった。

やがて岳父中村三郎の縁で東京、中村高等女学校において教鞭をとるようになったが、夏には決まって海の家を開いて生徒たちと水泳を楽しんでいた。西伊豆松崎では近くの堂ヶ島に生徒を引率し、小舟に生徒を乗せて自ら櫓を漕ぎ、鬼ヶ島の鬼退治の役を演じて生徒を喜ばせたこともあった。

ところで小林は何故この航海記をドイツ語で著し、ドイツ国内で出版したのであろうか。スイス・フランスの留学中の様子は機会があって日記を拝読したが、気が付いたのはフランス語よりドイツ語の文献の方を好んで読んでいることであった。また南洋航海後の翌年、一九三五（昭和一〇）年に今度はカトリック大辞典の日本語版翻訳交渉もかねてドイツに留学しているが、そこではドイツ語で日々のことを日記に記している。南洋航海を終えて二年が経過し、ドイツ語で書く機も熟し、一気呵成に本書を記したのではないかと思う。外国語で日記を綴るというのは、経験のある者がおしなべて言うように、意外と本音を臆せずに書けるものなのかも知れない。ところで先のカトリック大辞典の原典はドイツ・フライブルグ市に本店を置く出版大手ヘルダー書店から出版されている。出版交渉をめぐって足繁く通った書店であり、その関係もあって今回の航海記も当店より出版される運びとなったと思われる。

御　礼

「WANIMARU　南洋航海記」が日本人によりドイツ、ヘルダー書店からドイツ語で出版されたのは一九三七年（昭和一二）のことである。当時、日本はドイツと共に国際連盟を脱退して国際的に孤立しており、一九三六年の日独防共協定調印に見られるように、両国が急速に接近した時代であった。この著は日本に紹介されることもほとんどなく、日本語に翻訳されることもないまま、八十年以上の歳月が流れた。

小林珍雄のドイツ語は至って歯切れがよく、心情に訴え、また流れるようにリズミカルである。訳者として著者の文章を損なわないよう、意訳を避けて直訳調の文体を試みたつもりである。

著者の小林珍雄先生は大学時代のぼくの恩師であり、先生の感化を受けて卒業後はドイツ語、フランス語を学んできた。ドイツで出版された本著を日本語版として出版するにあたり、その翻訳の機会を与えて下さったご子息の小林和夫氏（元中村学園理事長・校長）には心より御礼申し上げたい。ボーイスカウトの日本連盟青木圭子氏には和爾丸の記事・写真が載っている当時の機関誌『少年団研究』を何冊も探し出し、閲覧させていただいた。

Punkt ein Uhr kletterte der Mann die Strickleiter hinauf. Man führte ihn zum Kapitän. Der Mann sprach,

aber keiner verstand ihn. Hatsumata ließ nach mir schicken. Ich kam und versuchte es mit Japanisch, Englisch und Französisch. Ohne Erfolg. Seine Worte schienen mir einem malaiischen Dialekt zugehörig, den ich nicht verstand. Es

WANIMARU 原書　本文

鎌倉島森ビルにてドイツ語教室を主宰するドイツ人のアルント・オラフ　フリース先生には難解な箇所を丁重に文書でご回答いただいた。門外漢の船舶関連については、元海上自衛隊潜水艦隊司令官小林正男氏から親切にご教示いただいた。中村学園の岩田真瑠美氏には、二百ページ近い原書全文の、戦前には普通にドイツでは使用されていたドイツ装飾文字を現代ドイツ文字に変換していただいた。おかげでぼくは翻訳に集中することができたのである。地理に関しては同学園富田義道先生の該博な知識に助けられ、国語科の菊地貞志先生には特に表現の観点から多くの助言をいただいた。

また出版に際し、常にご懇切な提案をいただいた銀の鈴社のみなさんには少年少女向きに美しい楽しい本に仕上げていただいた。

訳業を終えて一番気になるのは、帆船に乗船した十七名の少年たちの生涯がその後どうであったかということである。戦争を無事に生き抜いて欲しい、と願うばかりである。

令和二年十一月　　瀧澤　潔

小林珍雄《よしお》　年譜

一九〇二年（明治三十五）
　横浜に五男二女の長男として生まれる

一九一四年（大正三）
　東京府立第一中学校（現　都立日比谷高校）に入学

一九二〇年（大正九）
　第一高等学校（現　東京大学教養学部）に入学

一九二六年（大正十五）
　東京帝国大学法学部卒業　同年大学院に入学

一九二九年（昭和四）
　同大学院修了

一九三一〜一九三三年（昭和六〜八）
　スイス、フランスに留学

一九三四年（昭和九）
　文部省の依頼を受け、少年団日本連盟練習船「和爾丸《わにまる》」に通訳として乗船、南洋諸島民俗調査に協力。この時の体験を三年後の昭和十二年にドイツ、ヘルダー書店より「WANIMARU」と題してドイツ語版で出版。本書はその日本語版である

一九三五年（昭和十）
　中村三郎の長女寿子《ひさ》と結婚、同年カトリック大辞典編集の準備を目的にドイツに留学（昭和十五年から三十五年にかけて冨山房より出版された全5巻の同辞典〈上智大学編纂、ドイツ、ヘルダー社共編〉は、カトリックを含む宗教に関する最高峰の辞典であった）
　ドイツ留学から帰国時、ヘルダー書店の職員エンデルレ＝ルーペルト氏が同辞典の編集助手として同行したが、彼は小林の自宅に数年同居し、「WANIMARU」出版の際も体裁、翻訳、校正などの助力を惜しまなかった

一九三六年（昭和十一）
　上智大学教授に就任、学生に憲法、法学、翻訳論、フランス語などを教える

一九三八年（昭和十三）
　岳父中村三郎が校長を務める東京深川（現在江東区）の中村高等女学校の講師となり、英語、公民を教える

一九四五年（昭和二十）
　同年三月十日未明の東京大空襲の際に宿直として校舎全焼を見守ったが、その後、灰《かい》

燼《じん》と帰した校舎の再建に奔走した

一九四八年（昭和二十三）
中村三郎の後任として中村高等学校校長として就任。一九八〇年（昭和五十五）四月十日急逝するまで校長を務める

一九六八年（昭和四十三）
宗教法制の功績により紫綬褒章受章

一九七二年（昭和四十七）
専門の法学、宗教学における研究、二百冊を超える翻訳出版での業績が評価され上智大学名誉教授となる

一九七三年（昭和四十八）
勲三等旭日中綬章受章

一九七五年（昭和五十）
バチカン市国より、カトリック文献の翻訳などの社会的功績により大グレゴリオ騎士団団長勲章を受章

一九八〇年（昭和五十五）
前ローマ法王ヨハネ・パウロ二世の説教集「反対をうけるしるし」を翻訳中に脳内出血の発作に襲われ帰天　享年七十八歳

訳者紹介　瀧澤　潔

一九四九年（昭和二十四）
東京に生まれる

一九七一年（昭和四十六）
上智大学経済学部経済学科卒業後、日本航空電子工業（株）に勤務

一九七四年（昭和四十九）
退職後、教職資格取得のため、日本大学通信教育聴講生となる

一九七七年（昭和五十二）
中村学園（東京都江東区清澄）に社会科教員として奉職　二〇一一年退職

二〇〇九年（平成二十一）
中村学園百年誌「はくもくれんの花が咲いた」全3巻の編集長を務める

二〇一五年（平成二十七）
「東京大空襲をくぐりぬけて」中村高等女学校執務日誌の編集委員長を務める

NDC916
小林珍雄　著
神奈川　銀の鈴社　2021
264P　21cm（WANIMARU 和爾丸 南洋航海記）

定価＝一、五〇〇円＋税

ジュニアノンフィクション
WANIMARU 和爾丸《わにまる》 南洋航海記

二〇二一年七月七日　初版
著　者―小林珍雄© 瀧澤　潔・訳
編　者―小林和夫
発　行―㈱銀の鈴社　https://www.ginsuzu.com
発行人―西野大介
〒248―0017　神奈川県鎌倉市佐助一―十八―二十一
万葉野の花庵
電　話　0467（61）1930
FAX　0467（61）1931
〈落丁・乱丁本はおとりかえいたします。〉
ISBN978-4-86618-115-8 C8095
印刷・電算印刷　製本・渋谷文泉閣